Georg Moser

Wie finde ich
zum Sinn des Lebens?

W0033471

Georg Moser

Wie finde ich zum Sinn des Lebens?

Herder
Freiburg · Basel · Wien

Achte Auflage
als Sonderausgabe

Umschlagbild: Emil Wachter
Glasfenster aus der Zwölfapostelkirche in Rastatt

Alle Rechte vorbehalten – Printed in Germany
© Verlag Herder Freiburg im Breisgau 1978
Herstellung: Freiburger Graphische Betriebe 1987
ISBN 3-451-20595-5

Diese Schrift widme ich all denen,
die mir Gutes erwiesen haben

Zu dieser Schrift

Über den Sinn unseres Lebens ist schon viel nachgedacht worden, und gerade heute erscheinen zahlreiche Veröffentlichungen zu dieser Frage. Trotzdem bin ich dem Wunsch des Verlags nachgekommen und habe die Bandaufnahme eines Referats über den Sinn des Menschenlebens und die darauf folgenden Aussprachen für den Druck bearbeitet. Angestrebt sind Unmittelbarkeit und Lebensnähe in der Darstellung, veranschaulicht und aufgelockert durch Beispiele, dazu klare Grund-Sätze, Thesen genannt.

Ich will versuchen, dem Leser zu zeigen, wie jeder an seinem Ort zur Sinn-Erfüllung des Lebens finden kann. Einige Anstrengungen bei dieser geistigen Bergtour tun not, aber es sind immer wieder Rastplätze an Aussichtspunkten eingelegt, so daß die Wanderer, wie ich hoffe, den Gipfel erreichen und aufatmend ein weites Panorama vor sich liegen sehen.

Georg Moser

Inhalt

Betroffen
von der Sinnfrage

Es gibt Stunden im Leben, in denen uns, oft unvermittelt, eine Daseinsfrage oder eine Erkenntnis förmlich anspringt. Man hat diese Frage oder diese Erkenntnis im Denken und auch in der Empfindung längst gekannt, plötzlich aber wird man neu oder in neuer Tiefe von ihr betroffen.

So erging es auch mir. Mindestens seit den Studienjahren konnte ich an der Frage nach dem Sinn des Lebens nicht mehr vorübergehen. Sie ist eine dringliche Frage der Neuzeit und ihrer Philosophie, darum auch eine wichtige Frage in der heutigen Theologie und Seelsorge. Doch wurde mir die Sinnfrage immer wieder vom Alltag verdrängt, bis sie mich in einer Wartestunde neu aufscheuchte in Verstand und Gemüt.

Ich war, falsch unterrichtet, zu früh zu einer Beerdigung gekommen, an der ich unbedingt teilnehmen wollte, weil die Verstorbene meiner

Familie verbunden gewesen war; auch würden sich nur wenige Trauergäste einfinden. Da stand ich eine Stunde lang wartend auf einem besonnten Dorffriedhof und dachte darüber nach, welches der Lebenssinn der Toten gewesen sein könnte. Sie gehörte zu jenen Menschen, die keine sichtbaren Spuren hinterlassen. Lange Zeit hatte diese Frau in einer Wollfabrik gerissene Fäden zusammengeknotet, dann arbeitete sie als Hausgehilfin, zuletzt als Zugehfrau, weil sie eine eigene kleine Wohnung besitzen wollte. Ihre Eltern waren früh gestorben. Sie hatte nur noch einen Bruder, der aber gleich zu Kriegsbeginn fiel, und ihr Verlobter ging in der Gefangenschaft zugrunde. Als es nach den Elendsjahren wieder lichter aussah in ihrem Dasein, ereilte sie eine langwierige Krankheit, der sie nach drei Jahren erlag.

Da stand ich also wartend und dachte über das so armselig anmutende Leben der Verstorbenen nach und schließlich über das Menschenleben insgesamt. Wozu leben wir? Niemand hat uns gefragt, ob wir leben wollen. Warum all die Trübsal, vermischt mit wenigen Freuden? Ein Geschlecht löst das andere ab, und jedes ist neuen Schicksalsschlägen ausgesetzt. Unser Leben währt nur eine kurze Weile, wir sind wie Alltagsfliegen, und doch wird manchem noch dieses rasch vorüberhuschende Leben mit seinen Wechselfällen und Plagen zu lang, während es andere gierig auskosten und das Ende mit allen erdenklichen Mitteln hinauszuschieben versuchen.

Das *Eisenbahngleichnis* von Erich Kästner ging mir durch den Kopf. „Wir sitzen alle im gleichen Zug / und reisen quer durch die Zeit", beginnt dieses Gedicht. Und dann folgen die Zeilen: „Wir sehen hinaus. Wir sahen genug. / Wir fahren alle im gleichen Zug. / Und keiner weiß, wie weit." Im zweiten Vers heißt es: „Der Zug, der durch die Jahre jagt, / kommt niemals an sein Ziel", und im fünften Vers: „Der Zug fährt weiter, er jagt durch die Zeit, / und niemand weiß, warum."

„Und keiner weiß, wie weit... kommt niemals an sein Ziel... und niemand weiß, warum" – sind das die einzig möglichen Antworten?

Nein, es gibt noch andere.

In dieser Wartestunde erwog ich einige Grundwahrheiten zur Sinnfrage, die ich später in ein Referat einbrachte und sie in Gesprächskreisen den Teilnehmern vorlegte. Dabei wollte ich nicht nur Erkenntnisse vermitteln und für mich neue dazugewinnen: ich wollte auch jene schnellfertige, selbstsichere und zuweilen hämische Einstellung überwinden helfen, die sich in den Äußerungen mancher Älteren gegenüber der Jugend verrät: „Ihr werdet schon sehen, wo ihr landet bei eurer Absage an den überkommenen Glauben! Ihr stürzt ins Nichts, in die Sinn-Leere, die Verzweiflung."

Nein, so simpel ist das nicht. Man darf den Sinn-Suchern nicht so mir nichts dir nichts mit dem Glauben kommen. Gerade in der Bibel, der Ur-Kunde unseres Glaubens, wird uns berichtet und manchmal dramatisch geschildert, wie zweifelnde und fast verzweifelte Menschen um den Sinn des Lebens ringen. Denken wir an den geschundenen Ijob, dem das Wasser bis zum Halse reicht und der mit seinem Gott hadert. Dem Prediger klingen die alten Weisheitssprüche hohl; offen gesteht er ein: „Ich dachte nach über alle meine Taten, die meine Hände vollbracht hatten. Das Ergebnis: Alles ist Windhauch und Luftgespinst. Es gibt keinen Gewinn unter der Sonne" (Koh 2,12). Aus der gesamten Weltliteratur könnten wir ähnliche Stellen anführen.

Als moderne Sinn-Sucherin mag Simone de Beauvoir gelten. Sechzigjährig schließt sie den dritten Band ihrer Memoiren mit dem tristen Bekenntnis: „Voller Melancholie denke ich an all die Bücher, die ich gelesen, an all die Orte, die ich besucht habe… Die ganze Musik, die ganze Malerei, die ganze Kultur, so viele [menschliche] Bindungen: plötzlich bleibt nichts mehr… Nichts wird stattgefunden haben. Ich höre noch die Versprechungen, mit denen ich mein Herz berauschte, als ich – ein junges Mädchen damals – das Leben betrachtete, das vor mir lag. Sie wurden erfüllt. Aber wenn ich jetzt einen ungläubigen Blick auf dieses leichtlebige junge Mädchen von damals werfe, entdecke ich voller Bestürzung, wie sehr ich geprellt worden bin."

Ijob hadert mit Gott: Verloren sind ihm Gesundheit und Leben, die Kinder tot; seine Frau und seine Freunde verstehen ihn nicht. Für den Prediger ist alles schal: seine Werke und sein erworbener Besitz. Und Simone de Beauvoir fühlt sich in den Hoffnungen, die sie als junges Mädchen auf ihre Zukunft setzte, schnöde betrogen; alles Getane, alles Erlebte erscheint ihr vergangen, sinnlos.

Nach dem Menschenleben und seinem Sinn

können wir nicht wie nach dem organischen Leben eines Fischs oder nach dem Blühen einer Pflanze fragen. Hier ist die ganze Vielschichtigkeit und Wirrnis unseres Daseins angesprochen, insbesondere aber das, was uns von allem Nicht-Menschlichen unterscheidet: unsere Freiheit.

Doch überlegen wir zunächst: Was sollen wir denn unter ‚Sinn' verstehen? Man kann an erster Stelle nach der Wortbedeutung fragen, und man kann allgemeine Bedingungen, allgemein gültige Merkmale für diesen gesuchten Sinn ermitteln. Wir haben es in den erwähnten Gesprächskreisen getan.

Das althochdeutsche Zeitwort *sinnan* bedeutet soviel wie: reisen, fahren, streben, eine Richtung einschlagen. Wer einen Sinn verfolgt, verfolgt demnach ein Ziel und macht, fahrend, seine Erfahrungen. Sinnvoll meint nach unserem heutigen Sprachgebrauch: Etwas ist verständlich, begreiflich, läßt sich einsehen; sinnlos aber besagt: Etwas ist unverständlich, unbegreiflich, nicht einzusehen.

Und welche Merkmale kennzeichnen den Sinn? Die Antworten habe ich bei unseren Gesprächen aufgeschrieben:

Sinn ist etwas Aufbauendes; was nur zerstört, was nur verneint, kann niemals sinnvoll sein. „Tote Vögel singen nicht", lautet ein Sprichwort. Sinn ist lebensnah, lebensverbunden, tragfähig; man findet ihn nicht in einem Wolkenkuckucksheim. Und Sinn ist allgemein. Entweder gilt er für alle oder er gilt für keinen – wenigstens grundsätzlich und in gewissem Grad. Noch mehr: Sinn reißt mit; er führt uns von Stufe zu Stufe. Wer den Sinn überzeugend in seinem Leben erkennt, drängt voran. Somit können wir nur etwas sinnvoll nennen, was zukunftsbezogen ist, wenngleich sich der Sinn oft erst im Rückblick zeigt. Der Sinn muß uneinlösbar, muß also utopisch sein in der Weise, daß wir ein großes Bild vor uns, über uns haben, eine Art Leitstern, an dem wir uns ausrichten, der uns die Richtung angibt, uns in Bewegung setzt, uns anspornt und nach sich zieht. So hat der amerikanische Kulturphilosoph und Essayist Ralph Waldo Emerson den Sinn-Sucher aufgerufen: „Binde deinen Karren an einen Stern!" Das ist ein überaus anschauliches Bild, aber der Stern darf nicht äonenweit entfernt gedacht werden; er steht unmittelbar über unserem Leben, über unserem Schicksal.

Alle diese Antworten helfen uns weiter, wenn wir überlegen: Wie finden wir zum Sinn des Lebens? Wir haben es dabei mit einer Frage zu tun, die uns einige Denkanstrengungen abverlangt und uns zu Entscheidungen herausfordert. Die Betonung wird in dem, was wir erwägen, auf dem Persönlichen liegen, doch frei sein von Ich-Bezogenheit; denn wenn das Leben einen Sinn hat, muß dieser Sinn allgemeine Gültigkeit haben, wie wir es schon bei den Merkmalen erwähnten.

Meine Thesen über den Lebenssinn will ich nun entwickeln. Beginnen wir dabei mit der Unterscheidung von Zweck und Sinn.

Erste These

Sinn
ist mehr als Zweck und Nutzen;
Sinn hat es mit dem
Ganzen des Lebens zu tun

Wir fragen uns heute oft nach Zweck und Nutzen, doch viel zu selten nach dem Sinn. Wir sind, wie mir scheinen will, eine schreckliche Zweck-Gesellschaft geworden.

Beispiel: Einer sagt, ich heirate eine tüchtige Frau, die mich gut versorgt. Sie kostet mich weniger als eine Haushälterin. Und wenn sie nett und vital ist und diese Vorzüge behält, komme ich auch sonst auf meine Rechnung. Wer so denkt, der nimmt seine Lebenspartnerin als Zweckfigur und verkennt völlig, welchen Sinn die eheliche Gemeinschaft von Mann und Frau in sich birgt. Die beiden ergänzen sich in gegenseitiger Liebe, und das Kind aus dieser Gemeinschaft nennen wir besser die ‚Frucht der Liebe‘, ihren verleiblichten Ausdruck, als den ‚Zweck der Ehe‘.

Genau besehen benutzen heute viele Menschen einander als Zweckfiguren. Sie fragen immer nur: Wofür kann ich diesen, wofür jenen

Menschen gebrauchen? Lohnt es sich, daß ich Umgang mit ihm pflege, Zeit auf ihn verwende, Geld für ihn ausgebe – für Einladungen und Geschenke? In seinem Roman *Ehen in Philippsburg* beschreibt Martin Walser eine Szene mit einem Akademiker kleinbürgerlicher Herkunft und seiner hochadligen Frau, die es bei einer Verlobungsfeier darauf anlegen, zu einflußreichen Leuten in nähere Beziehung zu treten, damit der Mann in seiner Karriere schnell vorankommt. Walser entlarvt das gesellschaftliche Leben, dieses angeblich so vornehme Leben, als ein Zweckgebilde. Verzweckung aber bedeutet Sinnverlust.

Kulturphilosophen und Psychologen sehen den Hauptgrund für das sich immer mehr ausbreitende Gefühl der Sinn-Leere in der Vereinsamung des Menschen. Je dichter wir zusammenwohnen, umso gleichgültiger gehen wir aneinander vorüber. Und zur Vereinsamung trägt auch die sogenannte Mobilität in unserer Industriegesellschaft bei. Es ist ein Kommen und Gehen in der Nachbarschaft, im Betrieb, in den Ämtern. Die einen werden versetzt, die anderen wechseln ihren Beruf; wieder andere werden entlassen oder suchen sich einen besseren Job. Wie soll man Beziehungen pflegen, wenn die Menschen, die einem soeben vertraut geworden sind, schon wieder unseren Blicken entschwinden? Oft wird der Nutzwert heute groß geschrieben, während der Seinswert unbeachtet bleibt. Im Betrieb gelten Intelligenz, Nervenstärke, Leistungskraft – die meisten Annoncen verlangen eine ‚dynamische Persönlichkeit‘ –, aber das, was unsere innerste Wesenheit ausmacht, hat keinen Marktwert. Die jetzige Lebensform ist so geartet, daß man oft das Menschenmögliche aus dem Einzelnen herausholt, jedoch zu wenig Rücksicht darauf nimmt, ob dieses Menschenmögliche auch das Menschengemäße ist.

Im vergangenen Jahr hatte ich selbst ein Erlebnis, das mir zeigte, wie ein Mann in einer bedeutenden Stellung enttäuscht ist von seiner Aufgabe – oder vielmehr von den Menschen, mit denen er es zu tun hat und die nur Zwecke kennen. In seinem Beruf erfährt er die Verzweckung in ihrer ganzen Starrheit und Kälte.

Es besuchte mich ein hoher Offizier, der nach fünf Minuten schon wieder aufstehen wollte, um mich nicht ungebührlich in Anspruch zu nehmen. „Bitte“, sagte ich, „bleiben Sie noch etwas da. Ich will doch auch von Ihnen hören, welche Verantwortung Sie tragen und was Ihnen bei Ihrer Tätigkeit besonders zu schaffen macht." Und da platzte mein Besucher überrascht heraus: „Es passiert mir zum erstenmal, daß jemand zu mir sagt, er wolle von meiner Arbeit und meinen Nöten hören! Für gewöhnlich ist es ja so, daß man im beruflichen Umgang miteinander seine Höflichkeits- und Informationspflicht ableistet und daß einen der Mensch, mit dem man da zu tun hat, nicht im geringsten interessiert." Es ergab sich dann ein fruchtbares Gespräch, und ich habe eine Menge dabei gelernt.

Wenn wir in unserem Leben nur Zwecke anpeilen, wächst kein Sinn. Wie fragt ein Mensch, der einen Sinn verfolgt? Er fragt: Was steckt an Wesentlichem, an Allgemeingültigem dahinter? Oder: Was kann ich geben? Oder: Ich sehe einen Einzelteil – etwa bei einem Arbeitsvorgang –, aber wofür dient das Ganze?

Der Sinn hat es nicht mit kleinen, verrechenbaren Teilen zu tun, er hat es mit dem Ganzen, mit dem Bezug zum Ganzen zu tun. In anderen Worten: Die Frage nach dem Sinn kann man nicht unter der Rubrik ‚Nutzen und Erfolg' einreihen; die Frage nach dem Sinn ist eine Frage, die uns als *ganze* Menschen angeht. Ich will wissen, ob es ein großes, umfassendes Ziel gibt, um dessentwillen es sich lohnt, in dieser oft so verwirrenden Welt unbeirrt meinen Weg zu gehen.

Im Eingang zu unseren Überlegungen war die Rede von der Betroffenheit, die uns nach dem Lebenssinn fragen läßt. Ist sein Lebensgefühl gesteigert – so in der jungen Liebe, beim Gelingen eines Werks oder bei öffentlicher Anerkennung –, *fühlt* der Mensch gleichsam den Sinn. Die spontane Sinn-Krise tritt häufig nach einem Verlust ein: nach dem Verlust eines Menschen, nach dem Verlust einer Aufgabe, nach dem Verlust von Vermögen, nach dem Verlust der Heimat. Oder sie kann in mehr schleichender Weise bei einer eintönigen, wenig sinnvoll erscheinenden Arbeit eintreten oder in einer feindlich eingestellten Umgebung, in der sich einer mißachtet und verloren vorkommt. Oder ein Mensch vermag, wie schon gesagt, nicht den geforderten Nutzwert zu erbringen und weiß sich dabei verkannt in seinem Seinswert. Gründe und Anlässe für den Sinn-Verlust gibt es unzählige.

Zweck und Sinn fallen freilich bei mancherlei Tun teilweise zusammen, und daher rührt die Unschärfe der Begriffe. Wir müssen uns den Unterschied immer wieder klarmachen:

Die Hausfrau kocht zu dem *Zweck,* daß ihre

Familie durch bekömmliche Speisen gesättigt wird. Über das gleiche Tun kann man aber auch die Äußerung hören: Die Kocherei der Hausfrau hat den *Sinn,* daß ihre Familie richtig ernährt wird. Wenn wir hier Zweck und Sinn genau unterscheiden, dann muß es heißen: Die Hausfrau kocht zu dem Zweck, daß ihre Familie gut ernährt wird; über die Zweckhaftigkeit hinaus hat ihre Kocherei aber noch einen tieferen Sinn: die Tischgemeinschaft. Das Mahl führt die Familie als Gemeinschaft zusammen; es vereint. Aufgrund dieses Sinnes erlangt es sogar religiöse Bildkraft.

Jede zweckhafte, jede nützliche Tätigkeit kann in Bezug gesetzt werden zu höheren Werten. Als ich einmal Arbeiterinnen einer Miederfabrik aufsuchte, klagten sie über ihre langweilige, geistlose Näherei, die zwar etwas mit gefälligem Aussehen und Mode zu tun habe, bei der sie aber keinerlei erfreulichen Sinn entdecken könnten. In der Aussprache zeigte sich dann, daß die Arbeit dieser Frauen durchaus sinnvoll ist: Bekleidung dient nicht allein dem Nützlichen; sie dient auch der Menschenwürde, der Schönheit, der Phantasie, selbst der Nächstenliebe.

Wer seinen Lebenssinn verwirklichen will,

muß sich an Werten orientieren. Die Diskussion über die Grundwerte, die wir *heute* führen, ist für das menschliche Leben von *morgen* deshalb von größter Wichtigkeit. Denn die Verwirklichung von Grundwerten dient nicht irgendeinem besonderen Interesse, sie dient der Sinn-Erfüllung menschlichen Lebens überhaupt. Die Werte, die hier gemeint sind, übersteigen das individuelle Wunschdenken; sie weisen den Menschen über sich selbst hinaus in größere Zusammenhänge und deuten auf seinen Ursprung.

Grundwerte sind vor allem Liebe, Wahrheit, Treue, Würde, Freiheit, Solidarität, Frieden. Alle diese Werte sind aufs engste miteinander verbunden. Sie bilden einen Gesamtzusammenhang, eine Grundwerte-Ordnung, in der jeder einzelne Wert von den anderen Werten mitbestimmt wird. Übersehen oder vernachlässigen wir einen davon, so hat das Auswirkungen auf alle anderen Werte.

Die freie Verwirklichung solcher Werte macht das Eigentümliche der Menschlichkeit, der Humanität aus, durch die wir uns von den übrigen Lebewesen unterscheiden. Diese Humanität aber beruht auf dem Person-Sein des Menschen. Der Mensch verdankt das Recht auf sein Leben und seine Würde nicht anderen Menschen. Und er bekommt sie auch nicht von der Gesellschaft verliehen. Er besitzt sie unveräußerlich. „Gott schuf den Menschen als sein Abbild; als Abbild Gottes schuf er ihn" (Gen 1,27). Darum dürfen die Mitmenschen nicht über ihn verfügen; er hat seinen Sinn in sich und muß diesen seinen Lebenssinn in eigener Verantwortung verwirklichen. „Ich bin der gewaltige Gott. Geh einher vor meinem Antlitz! Sei ganz!" So übersetzt Martin Buber des Herrn Wort an Abraham (Gen 17, 1). Sei ganz! – das ist ein wahrhaft sinnverheißender Imperativ, der uns alle angeht.

So können wir fürs erste einmal sagen: Zur Wirklichkeit gehören Werte, die es zu erkennen und in die Tat umzusetzen gilt. Damit übersteigen wir die Zwecke, das Nur-Nützliche, und dringen vor zum Sinn.

Zweite These

Sinn
bekommen wir nicht in einer
fertigen Formel geliefert;
Sinn enthüllt sich
im Werdeprozeß des Lebens

Bei unserer Geburt ist kein Kurier erschienen mit der Botschaft, der Lebenssinn des neuen Erdenbürgers werde sein, das und das zu vollbringen. Wir sind nicht von Anfang an auf ein Programm festgelegt; der Sinn muß sich ergeben, entwickeln. Meine Mutter hätte schallend gelacht, wenn jemand einst zu mir, dem Halbwüchsigen, gesagt hätte: „Deine Aufgabe wird es sein, als Bischof von Rottenburg zu wirken." Ihr Kommentar wäre gewesen: „Was, ausgerechnet dieser Schlingel!"

Wodurch aber zeigt sich eine Sinn-Richtung an? Wie erkenne ich, wo die Sinn-Gestalt für mein Leben zu suchen ist?

Nun, jeder von uns bringt andere Voraussetzungen mit, die den Lebenssinn mitbestimmen: verschiedenartige Begabungen und Neigungen, aber auch verschiedene Grenzen seiner Fähigkeiten. Überdies ist die Herkunft bei jedem wieder anders. Selbst die heimatliche Landschaft kann den Werdegang eines Lebens beeinflussen. Den Seemannsberuf ergreift eher ein Küstenbewohner als ein Gebirgler inmitten eines Kontinents. Oder als Städter hätte zum Beispiel der große Urgeschichtler und Denker Teilhard de Chardin wohl nicht die gleiche leidenschaftliche Liebe zur Erde, zum Gestein besessen wie als Landkind und Sohn eines Gutsbesitzers. Ferner spielen die Begegnungen, die einem Menschen widerfahren, oft eine entscheidende Rolle. Das mögen persönliche Begegnungen sein, aber auch Bücher, durch die sich ein Geist einem anderen mitteilt, oder Werke der bildenden Kunst, die ein bestimmtes Lebensgefühl, eine bestimmte Beobachtungsweise oder ein bestimmtes Denken ansprechen oder hervorrufen. Erinnern wir uns dazuhin an Presse, Hörfunk und Fernsehen; täglich bringen sie uns das Geschehen in der Welt nahe und setzen uns den mannigfaltigen Strömungen der Zeit aus.

Das persönliche Erbe, der Einfluß der Weggenossen, die auf uns einwirkende Umwelt: all diese Mächte verlangen Wachheit des Geistes, verlangen Kritikfähigkeit; bewußt müssen wir sie in die Ausformung des eigenen, einmaligen Lebenssinnes einbeziehen.

Mit diesem Punkt hängt etwas zusammen, was ich durch Thomas von Aquin gelernt habe: die Belehrbarkeit. Andere können einem etwas sagen, was man selber nicht erkennt; es kommt nur darauf an, daß man auf diesen Hinweis hört und auf ihn eingeht. Offenheit, Lernwilligkeit, Bescheidenheit, das sind die Bedingungen für ein dauerndes Wachstum und für die Umkehr auf einem verfehlten Weg.

Den Gegensatz zu dieser geistigen und seelischen Biegsamkeit bildet die Sturheit. Vor lauter Sturheit gewahren viele Menschen ihre Lebensfelder nie richtig. Sie haben Scheuklappen angelegt, die ihren Blick lediglich in eine Richtung lenken. So leidet etwa der Fanatiker, der behauptet, es gelte nur Eines, unter Blickverengung. Er hat keinen weiten Horizont. Der Fanatiker ist, nach einer ironischen Begriffsbestimmung, „ein Mensch, der etwas so sieht und tut, wie es nach seiner Meinung der Herrgott sehen oder tun müßte – wenn der nur besser Bescheid wüßte".

Wir sollten es lernen, unserer Wesensart und unserem Schicksal den Lebenssinn abzulauschen. Ich will diesen Gedanken durch mehrere Beispiele beleuchten:

Da kenne ich einen Heimatvertriebenen, der

im Osten sein elterliches Gut verloren hat und dem ersehnten landwirtschaftlichen Beruf entsagen mußte. Als guter Rechner und Organisator wurde er Bankbeamter und hat es zum Leiter einer Bankfiliale gebracht. Er erzählte mir, er habe sich vorgenommen, bei dieser ihn zuerst wenig lockenden Tätigkeit alles Erdenkliche an menschlichem Reichtum herauszuholen. Heute bereite es ihm Genugtuung, wenn er Unkundigen in ihren Geldangelegenheiten beistehen könne. Seine Hilfsbereitschaft hat ihm eine unerwartete Fülle von anregenden Begegnungen eingetragen. Ein Dirigent, den er mehrmals gut beraten konnte, bewog ihn, sein Cellospiel wieder aufzunehmen und dem örtlichen Laien-Orchester beizutreten. Längst hat dieser Bankfachmann seinen vermeintlichen Zwangsberuf liebengelernt. Talent und viel guter Wille vereinten sich.

Von diesem Schicksal berichte ich vor allem deshalb, weil heute viele Jugendliche der wirtschaftlichen Lage wegen auf ihren Berufswunsch verzichten und Wege einschlagen müssen, denen sie kaum zutrauen, daß sie zum Ziel führen.

Ein weiteres Beispiel: die Björn-Steiger-Stiftung. Wohl jeder von uns kennt diese Organisation, die regelmäßig Altpapier und abgelegte Kleider sammelt. Aus dem Erlös sind schon Millionenbeträge zusammengekommen. Was hat es damit auf sich? Der Architekt Siegfried Steiger und seine Frau verloren durch einen Autounfall ihren Jungen namens Björn, weil ärztliche Hilfe für das verletzte Kind zu spät kam. Das Ehepaar hörte aus dem harten Verlust einen Gewissensanruf heraus und kämpft nun mit Hilfe seiner Sammelaktion um die Errichtung von Notrufmeldern an der Autobahn. Ich weiß nichts von der Arbeit des *Architekten* Steiger, aber ich bin überzeugt, daß dieser Hilfsdienst, den er aufgebaut hat und weiter ausbaut, sein und seiner Frau Leben mit einem neuen Sinn erfüllt.

Damit keiner von uns sagen kann, sein unscheinbares Leben und im besonderen sein Beruf biete keine rechte Chance für eine sinnvolle Leistung, wähle ich als drittes Beispiel die Arbeit eines Müllmanns. Gewiß, die Müllabfuhr muß sein, aber beachtet und geachtet wird diese ‚Schmutzarbeit' wenig, solange sie geschieht. Doch ausgerechnet ein Müllmann erhielt vor einigen Jahren das Bundesverdienstkreuz.

Seine Arbeit hat dieser Mann sicher stets mit löblichem Fleiß verrichtet, aber danach hätte die Öffentlichkeit nicht gefragt. Das Besondere, das ihm die Auszeichnung eintrug, ist dies: Er sucht in den Mülltonnen und beim Sperrmüll das weggeworfene Spielzeug heraus, setzt es in den Abendstunden wieder instand und beschenkt bedürftige Kinder damit. Begabt mit Bastlergeschick, ringt er seinem an sich schon sinnvollen Ordnungsberuf einen zweiten und diesmal glanzvollen Sinn ab.

Und was dann, wenn ein Mensch verhindert ist, etwas zu leisten? Ich habe unlängst eine alte Frau besucht, die seit fünfundzwanzig Jahren hilflos im Bett liegt und dabei fröhlich ist wie ein Kind. Sie gibt sich alle Mühe, ihren Angehörigen die Pflegedienste zu erleichtern. An ihrem Lager trifft man Tag für Tag Rat- und Trostsuchende; die Frau ist fromm und weise und teilt in geduldiger Güte aus ihrem Erfahrungsschatz aus. Beeindruckt von ihrer seelsorglichen Tätigkeit, legte ich ihr eine Martinusmedaille in die Hand; sie, diese Medaille, habe ich als Zeichen des Dankes für Verdienste um die Kirche prägen lassen. Die Kranke ist dieser Gabe wahrhaft würdig.

Zum Abschluß noch ein ,großes' Beispiel – wobei ich aber betone, daß vor Gott nicht nur die Größe der Leistung gilt, sondern auch der

Antrieb, die Gesinnung. In seiner Gleichnissprache fordert Jesus uns auf, mit jedem uns anvertrauten Talent, und sei es noch so klein, zu wuchern.

Ich führe einen rühmlich bekannten Schriftsteller an: Reinhold Schneider. Während der nationalsozialistischen Gewaltherrschaft haben wir Älteren, die wir im Glauben den Terror durchzustehen versuchten, uns an diesen Denker und Beter fastgar angeklammert. Sein Gedicht *Allein den Betern kann es noch gelingen* ging in Abschrift von Hand zu Hand. Der von Schwermut und körperlichen Leiden heimgesuchte Reinhold Schneider hat seinen Lebenssinn in den sogenannten Grenzsituationen, in der äußersten Ausgesetztheit erfahren, dort, wo der Mensch meist ratlos wird, wo er zweifelt oder nahezu verzweifelt. Ein Dichter erleidet ja die dunklen Seiten des Lebens noch viel schmerzlicher als die meisten anderen, wie Kafka sagt. Etwa aus den Aufzeichnungen *Winter in Wien* geht hervor, welche Botschaft Schneider verkündigen will. Die Vollendung der Menschlichkeit, der Humanität, liegt für ihn darin, daß man in den Leiden des Leibes und der Seele über sich hinausgelangt und nach Gott fragt. Schneider will die Osterbotschaft in die ganze Wirrsal des Menschenlebens aufnehmen. In dieser Spannung von Leid, Schwermut, Schmerz und weltüberwindender Getrostheit sucht er den Lebenssinn zu verwirklichen – als Schriftsteller, als Historiker, als Philosoph und vor allem als Christ, als Gottesfreund.

Wir sprachen von einem Heimatvertriebenen, der in einem Zwangsberuf sein Glück fand; von einem Ehepaar, das durch den Verlust seines Kindes einen neuen Lebenssinn entdeckte; von einem Müllmann, der seinem Ordnungsberuf einen zweiten, glanzvollen Sinn abgewann; zuletzt von einem Dichter, der die Osterbotschaft in die Wirrsal des Lebens hinein verkündete. Sinn ist also nicht bei jedem der gleiche. Sinn bekommt man nicht einfach als Wegzehrung mit, fertig in Tüten verpackt. Sinn kann sich nach und nach enthüllen: aufgrund einer Begabung, einer Anregung oder eines überwältigenden Erlebnisses. Oder Sinn kann aus einem Schicksalsschlag hervorgehen, aus einer schöpferischen Verwandlung von Leid, von Krankheit, aber auch aus einem Anstoß, der sich im Beruf ergibt. Sinn-Erfahrung ist so verschieden, so vielfältig, wie es die Menschen sind.

Jeder aber, dem es um den Sinn geht, achte

darauf, daß die Triebkräfte, die zur Sinn-Erfüllung führen, mitgefördert werden: Urteilsfähigkeit, Standhaftigkeit, Mut zum Wagnis, zur Entscheidung, dazu Phantasie, Entdeckerfreude, hohe innere Ansprüche, verbunden mit Genügsamkeit in äußeren Bedürfnissen, Gemütswärme, Ehrfurcht vor der Schöpfung und Ehrfurcht vor den Werten des Guten, Wahren und Schönen. Dies ist eine Aufgabe der Erziehung und Selbsterziehung. Ein Mensch mit reichem Innenleben und mit gepflegtem Gewissen hat die beste Aussicht, seinen Lebenssinn zu finden.

Durch Meditation und Gebet kommen wir auf diesem Weg voran. Darüber habe ich schon in einer eigenen kleinen Schrift gesprochen, aber ich kann auch hier an diesem Thema nicht vorübergehen; wenigstens einige Hinweise seien gegeben.

Wie verbinden sich Sinnfrage und Meditation?

Wenn wir uns beobachten, merken wir, daß wir schon im Alltag meditieren, besonders in bewegenden Stunden. Etwa in der Neujahrsnacht denkt wohl jeder über das vergangene Jahr nach und nimmt sich mancherlei vor fürs neue: Was hat mir das alte Jahr gebracht? Wie habe ich es bestanden? Wie komme ich meinem Lebensziel im neuen Jahr näher? Oder ich stehe an einem Grab oder ich halte einen Täufling im Arm und stelle Betrachtungen über das Leben an. Ich bin darauf angelegt, zu meditieren, nachzudenken über die Welt, die Dinge, die Geschöpfe und sie zu erfühlen.

In der bewußten Meditation, zu der ich mich entschließe, nehme ich meine Lebensfragen in die Sammlung, in die Stille, in meine Herzmitte herein; ich verbinde das Außen und das Innen. Aus der Stille heraus, aus dem heilsamen Abstand betrachte ich wichtige Aufgaben und wichtige Ereignisse. Zu den Aufgaben gehört beispielsweise meine Familie. Überlegungen: Wie verhelfe ich meinem Ehepartner, meinen Kindern zu Geborgenheit, zu geistigem und seelischem Wachstum? Wie erzeige ich ihnen meine gleichbleibende Liebe, ohne sie durch meine Liebe einzuengen? Wo habe ich versagt, und wie kann ich mich bessern? Oder ein Beispiel für ein einschneidendes Ereignis: Meine Körperkräfte lassen nach, und ich muß herausfinden, wie ich trotz aller gebotenen Schonung noch etwas leisten kann. Oder ein junger Mann fragt sich, ob er zum Priester geeignet ist, oder ein Mädchen, ob sie in eine Schwesternschaft eintreten soll. – Wenn ich recht meditiert habe, kehre ich geduldig, gelassen und zielstrebig in den Alltag zurück.

Es gibt nichts, was wir nicht in unsere Besinnung, in unsere Lebensbetrachtung hereinnehmen können: Partnerwahl, Berufswahl, Stellenwechsel, Kindererziehung, soziale Pflichten, schmerzende Verluste und freudige Erlebnisse; die Meditationsstoffe sind unerschöpflich.

In der Meditation sinnen wir über Wahrheit nach und üben Wahrheit ein. Verstand und Gemüt sind gleichermaßen beteiligt.

Wer aber hilft mir, die wahren Werte zu erkennen, wer gibt mir die Kraft, sie in die Tat umzusetzen? Aus der Meditation kann wie selbstverständlich das Gebet hervorgehen. In der Tiefe, in der Herzmitte, auf dem Grund meines Seins ist Gott nicht mehr fern.

Meditation besitzt eine befreiende, lösende und oft verwandelnde Kraft. Ich beginne umzudenken. Ich denke um auf den Schöpfer und Erlöser hin. In dem, was wir Schicksal nennen, entdecke ich seine Führung. In manchem, was mir zunächst unbegreiflich vorkam, erkenne ich die göttliche Vorsehung. Ich lerne beten: „Zeige mir, Herr, deine Wege, lehre mich deine Pfade! Führe mich in deiner Treue und lehre mich, denn du bist der Gott meines Heiles. Auf dich hoffe ich allezeit" (Ps 25,4–5).

Hellsichtig, hellhörig geworden, nehme ich zu in meiner Unterscheidungsgabe und nehme ich zu in meiner Liebeskraft, aber auch in meiner Lebenssicherheit; in Gott bin ich sicher. Wer im Gebet zu seinem Schöpfer und Erhalter ‚Vater' sagt, kann dem Dasein ohne Unterlaß trauen, trotz aller Undurchsichtigkeit. Er weiß sich auch in seiner Kleinheit und in seinem Elend angenommen. Daher konnte der gute und glaubensstarke Papst Johannes XXIII. sagen: ,,Der Mensch ist nie so groß, als wenn er kniet.''

Dritte These

Sinn empfangen und Sinn stiften müssen sich ergänzen

Das menschliche Leben, mein Leben und auch das der Anderen, erfahre ich als geschichtliche Ganzheit und Einheit. Ich befinde mich jeweils zwischen Vergangenheit und Zukunft in einer schwindenden Gegenwart. In jenem angeführten *Eisenbahngleichnis* drückt Kästner die Fahrt in die immer neu herannahende und immer neu schwindende Gegenwart so aus: ,,Wir reisen alle im gleichen Zug zur Gegenwart in spe...'' Diese Gegenwart – jetzt, in der nächsten Sekunde, in der übernächsten Sekunde – ist nichts als ein Nu, so daß ich mir überlegen kann, ob es sie überhaupt gibt. In solcher Ganzheit des Lebens, in der Vergangenheit, Gegenwart und Zukunft eine Einheit bilden, kommt Sinn auf mich zu, und das geschieht vorweg durch Erfahrungen mit anderen Menschen.

Wir sprachen schon davon: Aus Begegnungen, aus der Gemeinschaft mit Anderen empfangen wir Sinn. Wenn wir belehrbar sind, weitet sich unser Sinn-Horizont.

Leben erscheint dort sinnvoll, wo es von einem liebenden Menschen angenommen wird. Nicht nur ein Kind, auch ein junger Mensch muß eine liebevolle Gemeinschaft erleben, damit er Sinn finden und sich entfalten kann.

Ich erinnere mich lebhaft eines Jungen, der in einer Schreinerlehre völlig versagte. Keine noch so große Mühe brachte ihm ein wenig Anerkennung. Der Meister schrie ihn bei jedem Mißgeschick an, und die Gesellen hänselten ihn. So verlor er alles Selbstvertrauen und benahm sich wie ein unverbesserlicher Tolpatsch. Seine Mutter, eine Witwe, kam bekümmert zu mir. Ich riet ihr, sie solle es doch noch einmal in einer anderen Lehre versuchen, bei einem als freundlich und geduldig bekannten Schreinermeister. Durch gutes Zureden wagte dieser es mit dem Jungen. Und siehe da, nach kurzer Zeit sagte der neue Meister, sein Lehrling mache sich ausgezeichnet. Mich interessierte diese Wende, ich sprach mit dem Fünfzehnjährigen, und der Junge bekannte, er habe in der ersten Lehrstelle kaum atmen können, alles sei ihm sinnlos erschienen; jetzt aber liebe er seine Arbeit und schätze den Meister, der ihm Vorbild sei. Hier war ein junger Mensch angenommen worden.

Die Erfahrung, daß Liebe heilt und Sinn stiftet, machen auch Fürsorgerinnen, Mütter in Kinderdörfern und Adoptiveltern. Kinder, die in schwer gestörten Familien und in ungeeigneten Pflegestellen als böse und verstockt gelten, können frohe, aufgeweckte Kinder werden, wenn sie herzliche Annahme finden. Ein kinderloses Ehepaar, das lange geschwankt hatte, ob es ein vom Stiefvater mißhandeltes Kind noch vierjährig adoptieren könne, war nach den Anfangsschwierigkeiten bald glücklich mit der Tochter, die heute in einer benachbarten Stadt als Krankenschwester arbeitet. Für die Nachbarn ist es ein vertrautes Bild, wie die Eltern in Vorfreude vor dem Haus warten, wenn die Ersehnte an einem freien Tag heimkehrt.

Dort, wo einer dem anderen bekundet: „Ich will, daß du bist", dort, sagt Guardini, könne ein Mensch Sinn erfahren und sich in seinen besten Gaben entfalten.

Ein solches Wort wie dieses von Guardini ist übrigens wohl begründet. Wer es spricht oder in einem Zeichen zum Ausdruck bringt, bezeigt nicht nur menschliches Wohlwollen: er vollzieht das Ja-Wort Gottes nach. Gott selbst hat zuvor sein Ja zu jedem Menschen gesprochen, als er ihn liebend erschuf und ihm eine persönliche, eine einmalige Lebensverwirklichung anvertraute.

Diese göttliche Sorge um uns Menschen hat in Jesus Christus Fleisch und Blut angenommen. Der Apostel Paulus nennt den Gottessohn das „Ja zu allem, was Gott verheißen hat" (2 Kor 1,20). Er, der Erlöser, beruft uns in seine Gemeinschaft und Nachfolge. Der Sinn unseres Daseins ist damit ein für allemal grundgelegt. Wir können den Grund nicht selber legen. Wir dürfen ihn als Gnade empfangen.

Aber Sinn empfangen allein genügt nicht; der Empfänger muß antworten, muß seinerseits auf dem bereits gelegten Fundament weiterbauen. Das geschieht in jeweils eigener, persönlicher Weise. Keiner kann alles verwirklichen. Jeder muß das, was ihm zugewiesen ist, entfalten, muß es schöpferisch weiterführen. Zum Empfangen gehört das Sinn-Stiften.

Wie viele laufen an ihrer Chance vorbei und finden zu keinem Sinn-Entwurf! Sie bemerken den Sinn gar nicht, der sich ihnen anbietet. Sie lassen alles auf sich zukommen und ungenützt vorüberziehen. Mit der Zeit trübt sich ihr Blick so sehr, daß sie den in ihrem Leben enthaltenen Reichtum nicht mehr wahrnehmen. Sie bilden sich dann ein, sie seien bitterarm – arm an guter

Gelegenheit, arm an Menschen; ihr Dasein sei öde, nur das Leben der Anderen werde mit Sinn erfüllt.

Ab und zu unterhalte ich mich mit Telefonseelsorgern, um zu hören, worin die Hauptprobleme bei den Ratsuchenden bestehen. Es geht um Ehekonflikte, um Erziehungsnöte, auch um wirtschaftliche Sorgen; aber ebensooft geht es um den nicht erkannten Sinn in einem Leben, so daß die Folgen Langeweile, Herzensdürre, Zweifel bis zur Verzweiflung sind. Eines der Schicksale, von dem ich dabei erfuhr, will mir nicht mehr aus dem Gedächtnis, so bescheiden es sein mag. Die Frau, um die es sich hier handelt, hat ihrem geistlichen Berater die Weitergabe ihrer Erfahrungen erlaubt.

Die verwöhnte Gattin eines Großindustriellen rief in einer Nachtstunde bei der Telefonseelsorge an. Den Priester, der sich meldete, bat sie: „Helfen Sie mir, daß ich wieder leben kann! Alles ist für mich fade, reizlos geworden; ich bin so deprimiert, daß ich nicht mehr weitermachen mag." Der Geistliche am Apparat erkundigte sich: „Welches waren die Zeiten, da Sie wirklich gelebt haben?" Antwort: „Merkwürdigerweise waren es die Notjahre. Mein erster Mann ist nach kurzer Ehe tödlich verunglückt und ließ mich mit zwei kleinen Kindern in knappen Verhältnissen zurück. Als wir im Krieg und in der noch schlimmeren Nachkriegszeit froren und hungerten, holte ich mit einem Handwagen Holz im Wald und nähte bei Bauern für Lebensmittel. Unter allen Umständen wollte ich meine Kinder durchbringen. Es war nicht nur ein verbissener Kampf; mir war manchmal zumute, als liefe ich mit Lust gegen einen Sturmwind. Aber jetzt? Mein Sohn und meine Tochter sind seit Jahren außer Haus und gehen auf in ihren Familien; sie brauchen mich nicht mehr. Auch wohnen sie weit entfernt; die Tochter ist in Übersee verheiratet. Mein zweiter Mann widmet alle Zeit und Kraft seinem Unternehmen, wir sehen uns kaum am Abend, und außerdem steht ihm seine Sekretärin, die stündlich um ihn ist, längst näher als ich."

Der Telefonseelsorger lud die an innerer Leere Leidende mehrmals zu einer Aussprache ein und suchte mit ihr nach ihrem Lebenssinn. Gemeinsam leisteten sie eine harte Erkenntnisarbeit. Die Frau hat nun in ihrem Gatten den ihr anvertrauten Lebensgefährten erkannt, der nur auf ihre verstehende Güte, auf ihre Mitsorge wartete und auch auf ihre Mitfreude bei einem Erfolg. Und sie hat in einem Altenheim, in dem sie an drei Nachmittagen in der Woche ehrenamtlich aushilft, Aufgaben über Aufgaben gefunden. Sie ist heute in gelöster Stimmung, besitzt Schwung und bedauert nur, daß ihr Arbeitstag keine vierundzwanzig Stunden hat. Zudem weiß sie jetzt, daß man mit überflüssigem Geld viel Gutes tun kann und daß auch das Geld der Wohlhabenden für all die Übelstände, die behoben werden sollten, bei weitem nicht ausreicht. So erlegt sie sich Verzichte auf und freut sich über das Ersparte, das Notleidenden hilft. Der Verzicht ist ihr zur sinnvollen Askese geworden; er stimuliert die Lebensfreude und erbringt noch ein nützliches Ergebnis.

Der Amtsbruder, der mir von diesem Schicksal berichtete, sagte dann, wie schwer es sei, einem Menschen mitten in Wohlstand und Pflichtenarmut seinen Lebenssinn aufzudekken. Es fehle an Gegensätzen, an Kampf, an Verzicht, auch an Opfern. Überfütterung und Sinn-Mangel hingen ja eng zusammen. In unserem Gespräch kamen wir auf unsere Vorfahren, die bei ihren meist so kargen Mitteln offenbar zufriedener und dankbarer waren, als wir es heute sind. Der Sinn-Mangel und damit die Selbstmorde nehmen gerade in den reichsten

Ländern zu. Langeweile macht sich breit. Je mehr Konsum und vorgeplantes Vergnügen feilgeboten werden, umsomehr schwindet der persönliche Einfallsreichtum, die Lust am eigenen schöpferischen Tun. Überfluß, Verwöhnung, Bequemlichkeit lähmen unsere Kräfte und im besonderen unsere Fähigkeit zur Freude.

Im Widerstand gegen dieses Lähmende müssen wir das Leben als Ganzes aufgreifen, dankbar Sinn empfangen und dankbar Sinn stiften. Entschlußkraft tut not; nur so führt der Weg zur Sinn-Erfahrung.

Das ist eine Einsicht, die ich eigens hervorheben möchte, weil man aus mancher Literatur die Vorstellung bekommen könnte, der Sinn fliege auf einen zu, ohne daß man darum ringt. Auch sollten wir unsere übertriebenen Lebenserwartungen zurückstecken. Es bleibt unausweichlich eine Grenze. Wir selber sind Mangelwesen, werdende Wesen, die im Zeitlichen das Vollkommene nicht erlangen. Das gilt für unser sittliches Streben, aber auch für unsere Taten. Unser Wollen übersteigt unser Vollbringen. Und ungetrübtes Glück wird niemandem zuteil. Licht und Schatten mischen sich. Und in keinem noch so geliebten Menschen können wir völlig aufgehen. Aber das ist gut so; sonst verlören wir uns selbst und vergäßen Den, der allein unsere Sehnsucht stillen kann.

Weil unbedingt eine Grenze bleibt, findet derjenige den Sinn nicht, der zuviel erwartet. Doch Sinn findet auch der nicht, der nichts mehr erwartet. Wir sollten uns etwas zumuten; andererseits dürfen wir uns nicht zuviel zumuten und somit unsere Grenzen dauernd verleugnen. Kurzum, wir müssen uns einlassen mit der Wirklichkeit, so wie sie ist, uns einlassen mit den Gegebenheiten unseres Lebens, und dann erfahren wir, welchen persönlichen Auftrag wir haben.

Kann aber begrenztes Leben überhaupt sinnvolles Leben sein? Letztlich kann diese Frage nur mit Ja beantworten, wer an die Erfüllung des Lebens von Gott her zu glauben vermag. Nur ein solcher Mensch nimmt die Begrenztheiten, in die er eingewiesen ist, geduldig auf sich und erahnt im Bruchstückhaften den vollen Sinn. Auch wenn alles um ihn und in ihm dunkel wird, bleibt ihm das gelassene Vertrauen, daß Gott die Liebe ist und daß sich in der Verbundenheit mit ihm der Sinn seines Lebens erhellt.

Vierte These

Nur
in Treue und Geduld
verwirklichen wir
unseren Lebenssinn

Wir erleben heute viel Protest in der Arbeitswelt. Der Mensch läßt sich nicht festlegen durch Technik und Produktionspläne. Er fühlt sich seiner Würde beraubt, wenn seine persönlichen Werte nicht angesprochen werden. Man kann zwar die Produktionsstätten in mancherlei Hinsicht menschlicher machen, aber die Technisierung ist unwiderruflich.

Umso notwendiger ist es, daß wir unsere Arbeit im Blick auf uns selber und auf die Gemeinschaft als zweckdienlich und zugleich als sinnvoll erkennen. Sie ist nicht nur ein notwendiges Übel, das man für seinen Lebensunterhalt und den seiner Familie auf sich nehmen muß. Das biblische Wort „Im Schweiße deines Angesichts sollst du dein Brot essen" könnte geradezu wie ein Fluch erscheinen, und wer einmal seine Tätigkeit gründlich satt hat, erlebt diesen ‚Fluch'. Aber das ist nur die eine Seite der Wahrheit; die Arbeit hat auch eine Sinn-erfüllende Bedeutung, wie uns die Bibel ebenfalls bezeugt. Arbeitend formen wir den Stoff der geschaffenen Welt und treiben damit die Wirklichkeit auf ihr Ziel hin voran. Und arbeitend verwirklichen wir uns selbst und leisten Dienste am Mitmenschen. Noch am Fließband fördern wir die Wirtschaft in ihrer Gesamtheit und damit auch die Kultur, die zu einem großen Teil den Ertrag der Wirtschaft braucht.

Außer der Berufsarbeit bleibt uns der anregende Umgang mit Kollegen und mit Menschen von außerhalb, denen wir beruflich begegnen; vor allem aber bleibt uns das Leben in der Familie und im Freundeskreis. Unsere Tätigkeit erschöpft sich in der Berufsarbeit nicht; in der Freizeit dürfen wir unseren Neigungen nachgehen, und diese Freizeit nimmt, eben dank der Technisierung, immer noch zu.

Persönliche Werte liegen nie brach, wenn wir sie nicht von uns aus brachliegen lassen. Ein Mensch, der allein Zwecken nachjagte, wäre elend. Wer indes am Sinn festhält, gelangt über sich hinaus. Statt elend ist er frei und überlegen.

Jede Sinn-Antwort ist jedoch beschränkt. Die Antwort kann immer nur eine Teilantwort sein. Bei jeder Aufgabe und bei jedem menschlichen Verhältnis – wir sprachen im vorangegangenen Kapitel schon davon – können wir an die Grenze gelangen. Auch die Natur, die Schöpfung gibt keine letzte Antwort für die Sinn-Erkenntnis. Vergil sagt, daß sogar die Dinge ihre Tränen haben, und Paulus spricht vom Seufzen der Kreatur, die auf Erlösung harrt.

Ich weiß, gehe es um den Beruf oder um Beziehungen in der Familie, nur den einen verläßlichen Rat: Bleib dran! Laß dich nicht anstecken von der so weitverbreiteten Resignation! Sinn-Erfüllung ist keine nur augenblickliche Erfüllung.

Etwa eine Ehe, die lediglich auf sexueller Anziehung beruht, hat keinen Bestand. Sinn haben kann sie allein auf die Zukunft hin. Einzig in einer personalen Beziehung liegt Zukunft. Und auch das Verhältnis zwischen Eltern und Kindern hat seine Grenzen. Selbst Kinder aus den besten Familien laufen ja manchmal davon, zumal heute. Was tun? Langmütig sein; die Kinder nicht im Stich lassen, ihnen die Rückkehr leichtmachen.

Treue und Geduld sichern die Zukunft, die Unauflöslichkeit. Sie sind im Menschenleben Abbild der göttlichen Treue und Geduld. Der biblische Gott ist ein „treuer Gott" (Ps 31,6), der zu den Menschen steht, auch dann noch, wenn sie ihm untreu werden. In Jesus Christus hat seine Treue die äußerste Hingabe erreicht. In der Offenbarung des Johannes wird der Menschensohn „der treue und zuverlässige Zeuge" genannt (Offb 3,14). Wer als Christ seinen Namen trägt und sich zu seiner Nachfolge gerufen weiß, ist zur Treue verpflichtet. Treue sollen wir dem dreifaltigen Gott und Treue sollen wir den Anderen halten.

Aber gerade an Standhaftigkeit, an Zähigkeit im Durchhalten, an Treue und Geduld fehlt es unserer jüngeren Generation vielfach. In ihr ist die Begeisterungsfähigkeit oft groß, doch die Entscheidungskraft schwach, gefährdet. Wenn Hemmnisse und Enttäuschungen kommen, wird ihr kühner Adlerflug rasch zum Geflatter eines Huhns.

Hierzu ein Erlebnis mit einem entmutigten Idealisten, der in Gefahr stand, seinen Lebenssinn zu versäumen:

Ein angehender Lehrer, der im Nebenfach Theologie studiert hat, kam nach einem vorzüglich bestandenen Examen in Hochstimmung zu mir und erklärte: „Bei mir soll das aufhören, daß die Schule Mühe und Plage bedeutet. Mein Unterricht soll ein dauerndes Fest sein!" Und das pädagogische Fest ging los mit der Referendartätigkeit und vielen Lehrproben. Als der junge Mann es bis zum Assessor gebracht hatte, besuchte er mich wieder. Er kam auf seinen Adlerflug nach dem Examen zurück und auf den Unsinn, den er da von sich gegeben habe. Festlich sei ihm wahrlich nicht mehr zumute. Sehe er in der Pause auf den Schulhof hinunter mit dem Gewimmel, Gepuffe und Geschrei und denke er gar an die vernagelten Gehirne in seiner überfüllten Klasse, dann komme ihm der Lehrberuf eher wie ein Kreuzweg vor. Seit Wochen überlege er, ob es nicht schade sei, wenn er seine Begabung im Schuldienst verschleiße. Es biete sich ihm derzeit eine Assistentenstelle an einer Universität an. Allen Ernstes überlege er sich, ob er nicht noch umsteige – wiewohl er sich zur rein wissenschaftlichen Arbeit nicht sonderlich hingezogen fühle.

Entschieden widersprach ich ihm: „Wenn Sie umsteigen, verraten Sie Ihren Auftrag. Sie werden sehen, daß Sie mindestens einiges von dem, was Sie als Fest bezeichneten, in die Tat umsetzen können."

Wir sprachen lange miteinander, bis mein junger Freund sich ergab. Nein, ein Sinn-Versäumer wollte er nicht werden!

Heute ist dieser Pädagoge Leiter einer großen Schule. Der Lehrerschaft steht er in kollegialer Autorität vor, und viele Eltern suchen ihn als Ratgeber auf. Die Kinder lieben ihn – in den Grenzen, in denen ein Lehrer Liebe erwecken kann und Liebe erwecken darf; jedenfalls haben sie Achtung vor ihm und sind von seinen guten Absichten wie von seiner Gerechtigkeit überzeugt. Erst als er die Lasten seines Amtes auf sich genommen hatte, durfte dieser Schul-Meister – was für ein schönes Wort, richtig verstanden! – durfte dieser Schul-Meister in hohen Stunden das ersehnte Fest feiern. Freilich, auch neue Enttäuschungen sind ihm nicht erspart geblieben, doch er hat in reifer Nüchternheit für sein Leben gelernt, daß er dranbleiben muß, will er seinen Lebenssinn erfüllen.

Das gleiche gilt, im Grunde genommen, für jede Aufgabe. Traumberufe gibt es nicht und krisenfreie menschliche Beziehungen auch nicht. Erwartung und Wirklichkeit klaffen weit auseinander. Welchen Weg wir einschlagen, er ist steinig und steil, und bei dieser Mühsal erweist es sich erst, ob ein Lebensentwurf Gestalt annimmt oder ob er nichts war als die Ausgeburt jugendlicher Phantasie. Der Lebenserfahrene und Entschlossene nimmt die Steine auf dem Weg und den Schweiß als gegeben hin. In Treue und Geduld erfüllt er seine Aufgabe und allmählich hinterläßt er eine Spur.

„Ich möchte wenigstens eine Spur der Liebe hinterlassen", hat Albert Schweitzer gesagt. Meist ist dies, von außen besehen, eine dem Auge kaum erkennbare Spur, aber gewiß ist es eine bleibende Spur im Geist und in der Seele jener Menschen, denen der Treue und Geduldige dient. Ich komme auf jene Wartestunde am Grab einer unscheinbaren Frau zurück; jetzt kann ich den Sinn ihres Lebens mit Schweitzers Worten umreißen: Sie hat eine Spur der Liebe hinterlassen. Sie hat überall geholfen, wo sie nur konnte, und sie war meiner Familie eine treue Freundin.

Können wir dieses Wort von der Liebesspur nicht anwenden auf viele Menschen, die uns im Leben etwas bedeuteten? Wohl jeder von uns sagt sich in nachdenklichen Stunden: Meiner Mutter, meinem Vater, jenem Pfarrer, Lehrer, Freund oder Schriftsteller verdanke ich Liebe, Wärme, Rat. Diesen Liebenden und Helfern verdanke ich es, daß ich weitergekommen bin auf meinem Weg und auf der Suche nach dem Sinn meines persönlichen Lebens.

Im übrigen ist es oft so, daß man die Spur der

Liebe oder den verwirklichten Lebenssinn viel eher bei anderen Menschen als bei sich selber zu erkennen vermag. Immer wieder einmal kommt es uns so vor, als hätten wir uns den eigenen Weg durch persönliches Verschulden verbaut. Wir haben uns dem Bösen hingegeben und uns in Sünde verstrickt, sind in Abgründe gestürzt, sind dem Schein und dem Nichts verfallen. Den, der sich in wichtigen Dingen schuldig weiß, überfällt das Gefühl, er sei ein Versager. Auch und gerade sehr gewissenhafte Menschen werden von solchen Gedanken und Empfindungen gepeinigt. Peter Lippert, ein großer Kenner des Menschenherzens und des geistlichen Lebens, schrieb sogar: „Jeder religiöse Mensch von heute muß, wenn er sich zum Sterben legt, bekennen: Ich weiß nicht, was an meinem Leben war, was ich getan, was ich verbrochen, was ich verdient."

Was läßt sich dazu sagen? Nun, schwere Schuld zerstört tatsächlich vieles, was mühsam und mit Liebe aufgebaut wurde. Wer derartige Erfahrungen macht, kann nur noch die Hand ausstrecken nach jenem Anderen, der uns seine Hand bereits entgegenstreckt, verzeihend, helfend und heilend. Er, Gott, vermag uns erneut auf den Weg des Sinnes zu führen.

„Keiner verirrt sich so weit", sagte der dänische Denker Kierkegaard, „daß er nicht zurückfinden kann zu dir, der du nicht bloß wie eine Quelle bist, die sich finden läßt, der du vielmehr wie eine Quelle bist, die selber den Dürstenden sucht." Als Christen dürfen wir wissen, daß die Schuld nie das letzte Wort hat. Wo der Mensch bereut, dort darf er auf Vergebung hoffen. Selbst wenn wir untreu waren, bleibt Gott der Treue; er verstößt uns nicht. „Wenn das Herz uns auch verurteilt, Gott ist größer als unser Herz" (1 Joh 3, 20).

Ähnlich schwer ist es, den Sinn festzuhalten, wenn der Sinn, dem ein Mensch mit dem ganzen Einsatz seiner selbst nachtrachtete, vernichtet ist, womöglich grausam vernichtet. Wie durch eine Katastrophe hindurch den Sinn bewahren? Ich gebe hierzu eine Geschichte wieder, die mir ein Arzt erzählt hat:

Wenige Jahre nach dem Zweiten Weltkrieg begegnete dieser Arzt einer jüdischen Frau, die ein Armband mit den in Gold gefaßten Milchzähnchen ihrer Kinder trug. „Ein schönes Armband", bemerkte der Arzt. „Ja", antwortete die Frau; „dieses Zähnchen ist von Mirjam und das von Esther und das von Samuel..." Sie nannte dem Alter nach alle Namen ihrer Töchter und Söhne. „Neun Kinder", fügte sie hinzu, „und alle sind in die Gaskammern geschleppt worden." Bestürzt fragte der Arzt: „Wie können Sie nur mit einem solchen Armband leben?" Verhalten erwiderte die Jüdin: „Ich habe in Israel die Leitung eines Waisenhauses übernommen."

Diese beraubte Mutter überließ es dem Arzt, sich vorzustellen, wie lange sie zerschlagen gewesen war und wie sich endlich ihre mütterliche Kraft wieder aufrichtete und sie einen Sinn darin fand, für Waisenkinder dazusein. Ihre Aufgabe als Waisenmutter war die durch Leiden, Vertrauen und Wagemut erkämpfte Fortsetzung ihres Lebenssinns.

Fünfte These

Die
Sinn-Gestalt wandelt sich in den verschiedenen Lebensphasen

Ein kleines Kind lebt noch im Augenblick. Seine Fragen sind nicht schwer zu beantworten: Dies ist ein Stein, eine Blume, ein Tier. Eines Tages aber geraten wir in Verlegenheit; wie sollen wir antworten auf die Frage: Was ist Ewigkeit? Wer hat Gott gemacht? Das kritisch werdende Kind merkt, daß die Auskünfte der Erwachsenen hinter dem zurückbleiben, was es wissen will; die Fragen sind größer als die Antworten. Und mit der Reifezeit kommen die grundsätzlichen Überlegungen: Was ist überhaupt der Mensch? Wozu leben wir? Warum gibt es Leid und Tod? Warum ist das Leben so schwierig, so verworren, so unübersichtlich? Warum geraten wir in Schuld und Sünde, auch wenn wir das Gute und nicht das Böse wollen?

Mit jedem neuen Lebensjahr drängt der Heranwachsende immer mehr auf die Sinnfrage zu. Die Sinnfrage und die Gestalt, die der Sinn bislang angenommen hat, geraten in den Verwandlungsvorgang. Den Jugendlichen bestürmen Probleme, mit denen er zuweilen nicht mehr fertig wird. Er denkt verzagt: Keiner versteht mich, wobei er sich selber nicht versteht. Unbekannte Räume in seinem Innern tun sich ihm auf. Er muß erst mit der ‚Tiefe des Lebens‘ leben lernen.

Unverständige Erwachsene lassen den Jugendlichen jetzt, in den Reifejahren, allein. Manche meinen, es genüge, ihn mit Wissen vollzustopfen, dann werde er sich schon das nötige Rüstzeug fürs Dasein aneignen. Man denke nur etwa an viele unserer Schulen, die sich damit begnügen, Fachwissen und Gebrauchswissen zu vermitteln in der Annahme, alles andere, was nicht zweckhaft verwendbar sei, habe ohnehin keinen Wert, erbringe keinen Nutzen. Ein junger Mensch aber, der sich ausgesetzt fühlt, kann einem inneren Zwiespalt erliegen.

Wieder ein Beispiel aus eigenem Erleben: Als ich zur Firmung in eine kleine Stadt kam, erzählte man mir von der Tragödie einer Achtzehnjährigen, die sich das Leben genommen hatte. Vor ihrem Tod vermerkte sie auf jeder Seite ihres Tagebuchs: „Es hat doch alles keinen Sinn.“ Das Tagebuch habe ich in der Hand gehabt und darin erschütternde Berichte und Äußerungen gefunden. „Wer sagt mir, wozu ich lebe?" fragte dieses verstörte Mädchen. Sie kam nicht mehr zurecht mit einem schweren Konflikt. Ein verheirateter Mann hatte sich in ihr Leben gedrängt; sie liebte ihn, wollte aber seine Ehe nicht zerstören. Alles begann in ihr zu zittern, und niemand war da, der ihr zur Klärung verholfen hätte. Ihr Leben schien vernichtet, vertan. Freude, Freundschaft, Entspannung, das alles fehlte ihr. Ein junger Mensch war mutterseelenallein in seiner Not. –

Kaum ist die unruhige und bedrohliche Reifezeit überstanden, kommt die Partnerwahl. Und mit der Ehe stellt sich die Frage, ob das junge Paar neues Leben verantworten kann. Ein Zaudern beruht keineswegs immer – wenn wohl auch sehr oft – auf purer Selbstsucht. Die Kinderlosigkeit und die Kinderzahl sind heute weithin wählbar. Wer keinen Sinn im Dasein sieht, kann sich noch den Partner wünschen, der mit ihm das bittersüße oder bittere Leben teilt – aber darf er sich auch Kinder wünschen, die erneut die Sinnlosigkeit auf sich nehmen müssen? In Ingmar Bergmans berühmtem Film *Wilde Erdbeeren* kommt ein Ehemann vor, der – im Gegensatz zu seiner Frau – diese Frage strikt verneint.

Für neues Leben kann sich nur entscheiden,

wer getragen ist vom Mut zur Zukunft. Gibt es aber einen solchen Mut, der die Angst vor der Sinnlosigkeit und die Zweifel besiegen kann? „Wie ist Mut zum Sein möglich, wenn alle Wege zu ihm durch die Erfahrung ihrer Unzulänglichkeit verschlossen sind?" fragt der Theologe Paul Tillich. Und in seiner Antwort verweist er auf den Gott unseres Glaubens, in dem dieser Mut zum Sein gründet. Nur ein gereiftes Gottvertrauen läßt uns wider alle Hoffnung auf die Zukunft hoffen, läßt uns dem Leben trauen. Das wissen viele Ehepaare, die sich dem neuen Leben schließlich freudig geöffnet haben. Das weiß auch manche Frau, die zuerst mit dem Gedanken an eine Abtreibung umging, dann aber ihre Schwangerschaft bejahte; bewußt nahm sie den werdenden Menschen in ihr Schicksal auf. Ohne das Ja, das Gott zu unserem Sein gesprochen hat, ohne das Vertrauen auf die zuvorkommende Liebe Gottes können wir zum neuen Leben nicht wirklich Ja sagen. Die Entscheidung für das Kind beruht letztlich auf einer Glaubensentscheidung.

Die Sinnfrage wird also mit der Eheschließung neu gestellt. Selbst wenn sie bejaht ist, verdichtet sie sich noch einmal, und zwar zur

Frage: Wie sollen wir unsere Kinder erziehen? Auch bei der Erziehung müssen wir zwischen Sinn und Zweck oder Nutzen unterscheiden. Kinder sind nicht dazu da, daß sie den Ehrgeiz der Gatten befriedigen oder ihre Ehe zusammenhalten. Und sie sind nicht nur billige Arbeitskräfte, beispielsweise für die Landwirtschaft, den Handwerksbetrieb, das Gastgewerbe, und sie sind nicht nur die Erben, die das Werk ihres Vaters fortsetzen. Sie dürfen auch nicht als Garanten für die Versorgung im Alter angesehen werden. Kinder sind nicht dazu da, *damit*... Sie sind den Eltern zur Pflege und Erziehung anvertraut, und diese müssen sie rechtzeitig in die Selbständigkeit und eigene Verantwortung entlassen. Bei liebevollen, opferbereiten Eltern wird die geschenkte Liebe zurückstrahlen, und es wird der Mutter, dem Vater im Alter an Beistand – hoffentlich – nicht fehlen. Aber man liebt nicht, *damit*... Wahre Liebe denkt an keinen Zweck; sie schielt nicht nach Nutzen, sie ist vorbehaltlos.

In der Mitte der Jahre, die man die ,besten Mannesjahre' nennt, denen die ,besten Frauenjahre' entsprechen, in dieser Lebensmitte verwenden der Mann und die unverheiratete Frau die stärksten Kräfte auf die Berufsarbeit, während die Hausfrau und Mutter sich der Erziehung ihrer Kinder widmet, den häuslichen Pflichten nachgeht und vielleicht noch eine Halbtagsbeschäftigung außer Haus übernimmt. Berufsprobleme, Erziehungsprobleme können den Menschen jetzt sehr belasten. Die Gefahr besteht in der Ermüdung und Verbitterung: Wenn es bei der Berufsarbeit Neid und Hader gibt; wenn der Leistungserfolg und die erhoffte Beförderung ausbleiben; wenn die heranwachsenden Kinder früh ihre eigenen Wege gehen und, wie ein ostasiatisches Sprichwort sagt, „ihrer Zeit mehr gleichen als ihren Eltern". So bedrängt den Mann, die Frau auch in ihren besten Jahren die Sinnfrage aufs neue.

Neigen sich die mittleren Jahre ihrem Ende zu, „flammt bei vielen das Feuerchen der Sehnsucht neu auf, als sei ein Windstoß hineingefahren", wie einmal ein geistlicher Psychologe bei einer Akademie-Tagung im Scherzton sagte. „Eheleute wollen ihre Ehe verlassen oder den Partner wechseln; Unverheiratete, selbst wenn sie einst freiwillig allein geblieben sind, geraten in Torschlußpanik und erstreben eine Ehe; Ordensleute bekommen Ausbruchsgelüste, und enttäuschte ‚Weltleute' spielen in Gedanken mit dem Klostereintritt." Es seien die Jahre, erklärte der Psychologe, in denen Illusionen wieder aufflackern und die Grenzen so schmerzlich fühlbar werden, daß dieser und jener sie durchbrechen will. Nach wie vor gilt der Rat: Kämpfe um reife Nüchternheit, bleibe dran!

Schließlich aber nahen unvermeidbar die späten Jahre, „von denen du sagen wirst: Ich mag sie nicht" (Koh 12, 1). Mehr und mehr erfahren wir im sechsten, im siebten Jahrzehnt, daß es nicht immer aufwärtsgeht, sondern daß die Bahn auch abwärtsführt. Viele trifft diese Einsicht wie ein Schock; die meisten wollen gern lange leben, doch nicht um den Preis der Altersbeschwerden.

Bei den Alten, wie lautet bei ihnen die Sinnfrage? Und wie kann bei ihnen die Sinn-Gestalt aussehen?

In einem Altenheim, das ich hin und wieder besucht habe, starb eine Achtzigjährige an einer Überdosis Schlaftabletten. Ihr selbstgewähltes Ende begründete sie in einem Abschiedsbrief so: Sie finde keinen Sinn darin, in diesem hohen Alter noch zu leben, pflegebedürftig und tatenlos. Ich kannte diese Frau als munter und umgänglich, und nun hatte sie sich resigniert davongemacht.

Die Kardinalfrage heißt in den späten Jahren

häufig: Wofür bin ich denn noch gut? Wozu bin ich noch da? Man braucht mich nicht mehr; ich bin denen, die für mich sorgen müssen, nichts als eine Last.

Eine Greisin berichtete mir, an ihrem fünfundachtzigsten Geburtstag habe sie nicht einmal ihr einziger Sohn besucht, obwohl er in der gleichen Stadt wie sie wohne. „Sehen Sie", klagte sie mir, „das ist das Schlimmste: warten und insgeheim wissen, daß nichts und niemand mehr kommt – nur der Tod."

Ich kenne jedoch auch genug alte Menschen, die heiter sind und gelassen ihrem zeitlichen Ende entgegensehen. Sie haben eine Aufgabe gefunden, die ihren geschwächten Kräften entspricht. Ich sehe Großmütter vor mir, die ihre Enkel hüten und im Haushalt ihrer Tochter oder Schwiegertochter noch allerlei Arbeiten verrichten. Und ich denke an eine achtundsiebzigjährige Dame, die zeitlebens Angestellte für sich arbeiten ließ und sich nur mit feinen Handarbeiten abgab. Jetzt bastelt sie mit Geschick und Geschmack Kunstblumen für Abendkleider und liefert den Erlös an Kinderdörfer ab. „Zum erstenmal in meinem Leben verdiene ich selber Geld, und nie hätte ich gedacht, daß mir das solche Freude machen würde", sagte sie mir mit einem charmanten Lächeln. Und ich kenne eine große Anzahl von Männern, die noch den Garten pflegen, für Tiere sorgen oder als frühere Handwerker Reparaturen in den Haushalten ihrer Kinder und Nachbarn ausführen. Am wenigsten wird sich ein geistig aufgeschlossener Mensch im Ruhestand langweilen; er verwendet die verbleibende Zeit auf Lektüre, auf Forschungen, auf Vorträge, die er hört oder selbst hält, und anderes mehr. Was aber soll jener zittrige alte Mann tun, der in einem Pflegeheim tagaus tagein im Bett liegt? Er hat einen großartigen Sinn gefunden. „Ich bete für die Missionare, die selber oft zu wenig Zeit zum Beten haben", versicherte er mir wohlgemut. „Das tue ich, solange mir Gott das Leben und den klaren Kopf läßt."

Jeder halte auch im Alter nach einem sinnvollen Tun Ausschau. Wenn der alte Mensch am Morgen aufwacht, darf er sich dann allerdings nicht zuerst überlegen: Was tut mir heute weh? Welche neuen Beschwerden sind hinzugekommen? Er sollte sich vielmehr fragen: Wem kann ich heute etwas zuliebe tun? – Vor einigen Monaten hatte ich in Rottenburg ältere Frauen zu Gast, und als ich sie aufforderte, einander zu besuchen, sagte eine Gelähmte im

Rollstuhl traurig: „Zu mir kommt niemand!"
Da meldeten sich sofort drei Frauen, die künftig
mit der Einsamen plaudern und mit ihr auch
einmal einen spannenden Fernsehfilm genie-
ßen wollen.

Doch bloße Zerstreuung, wie etwa unter-
haltende Sendungen, oder bloße Geschäftig-
keit genügen für den alten Menschen nicht;
gerade *er* braucht mehr, braucht etwas, das
ihn aufrichtet; etwas Bleibendes wie die Liebe,
die er gibt und empfängt; wie das Gebet, das
er für sich und für Andere verrichtet.

Vor mir liegt der Brief eines Juristen, der
demnächst pensioniert wird. Er habe erkannt,
schreibt er mir, daß der Mensch in jungen Jahren sozusagen von Natur aus gut sei, erfüllt von
Idealen; im Alter aber sei das Gutsein weit
schwieriger, weniger ‚natürlich', vielmehr eine
Frucht der Selbstüberwindung oder, besser gesagt, eine Frucht der *Tugend,* wie der gefüllte,
aber fast vergessene Ausdruck laute. Wörtlich
heißt es dann in seinem Brief: „Im Alter, das
zur Verhärtung neigt, gilt es aber noch mehr, als
gut zu werden: nämlich gütig. Jedes Leben hat
in seinem Verlauf verschiedene Vorzüge, Nöte
und Schwächen, je nach der Altersstufe, und so
kommt es darauf an, in jeder Lebensphase die

gestellte Aufgabe zu erkennen und zu tun. Alle Lebensphasen aber, sagt Guardini, münden in Gott."

Der Sinn fällt uns, wie gesagt, nicht von selbst zu; wir müssen ihn entdecken, erobern. Es gehört Einfallsreichtum dazu, Willigkeit; es gehört dazu, daß wir uns geistig lebendig erhalten, und es gehört dazu, daß wir – nach Möglichkeit – tätig bleiben. Wird der Sinn auch nur in kleinen Portionen gelebt, so läßt er sich doch in dieser und jener Richtung erweitern, wenn er nur einmal im Ansatz erfaßt ist.

Sechste These

Den
Lebenssinn finden wir
nicht allein

Auf die Erkenntnis, daß wir unseren Lebenssinn nicht allein finden, stießen wir in unseren Erwägungen schon mehrfach. Keiner lebt allein. Keiner ist ein in sich geschlossenes Wesen. Jeder Mensch ist ein Mit-Mensch, Glied einer Gemeinschaft. Sinn-Erfahrung kann deshalb nicht am Mitmenschen vorbei gewonnen werden. So sind auch die Verantwortung für Andere und die Nächstenliebe nicht nur von außen auferlegte Normen; sie entsprechen der Anlage, dem Wesen des Menschen.

Wir brauchen einander, wir sind keine Einzelnen... Doch das sagt sich so schnell: Wer hat tatsächlich den Mut, sich den Anderen zu öffnen, ihnen mit Vertrauen entgegenzukommen? Offenheit und Vertrauen sind indes unerläßlich für ein gemeinschaftliches, für ein mitmenschliches Leben. Wie viele Menschen schleppen doch allerlei Nöte wie vollbeladene Kähne mit sich, und nie sind sie imstande, sich bei einem Anderen auszusprechen und die Überlast abzuwerfen. Meist scheuen sie sich deshalb vor der Mitteilung, weil sie ihre Grenzen und Schwächen nicht eingestehen wollen. Diese Vollbeladenen gehen durch ihre Überlast fast unter, werden seelisch krank. Manche sind auch zu stolz zur Aussprache und Ratsuche; sie bilden sich ein, sie kämen mit ihren Schwierigkeiten ohne Hilfe zurecht. Wie oft laufen Eheleute nur noch nebeneinander her und schließen sich nicht mehr auf. „Einer trage des anderen Last", mahnt der Apostel Paulus (Gal 6, 2) – aber wie soll der Lebensgefährte die Last mittragen, wenn er wenig oder nichts von ihr erfährt?

Natürlich dürfen wir nicht jedes kleine Ungemach dem Ehegatten, dem Nachbarn, dem Arbeitskollegen mitteilen – das wäre schwatzhaft und rücksichtslos –; gemeint ist hier, daß wir mehr Zutrauen zueinander haben sollen. Es gibt Menschen, die sogar Angst haben vor Freundschaften, Angst vor Vertrautheit; sie lehnen Nähe ab und halten es für erstrebenswert, alles allein zu besitzen und zu verarbeiten, die Last – und die Freude. Ist aber nicht gemeinsame Last halbe Last und gemeinsame Freude doppelte Freude?

Wenn wir – im gegenwärtigen Zeitpunkt – selbst nicht an einer Überlast zu tragen haben, so sind wir es den Anderen schuldig, daß wir ihnen Gelegenheit zum Abladen geben. Erziehen wir uns zum gesammelten Zuhören und zur strengen Verschwiegenheit! Wir werden nicht nur die Gebenden, wir werden auch die Nehmenden sein. Wer gibt, empfängt. Sein Leben mehrt sich an Sinn.

Allerdings, unsere Institutionen, die für die Beratung eingerichtet sind, können nicht über Mangel an Zustrom klagen. Wo man diskret Rat holen kann, dort haben wir auch bei kirchlichen Stellen zum Teil wochen-, ja monatelange Wartefristen. Ein solcher Zustrom an Ratsuchenden verrät jedoch, daß im Gesamtgefüge unserer Gesellschaft etwas gestört ist. Dies gilt ebenso für die Kirche: Offensichtlich gibt es zu wenig personale Seelsorge, die dem Einzelnen ausreichend zur Verfügung steht. Christen, die früher ihre persönlichen Probleme mit dem Seelsorger besprachen, wenden sich heute vielfach an die Beratungsstellen. Manche Nöte ließen sich jedoch ebensogut oder besser in der Familie, im Freundeskreis besprechen, aber die Familie ist heute oftmals nicht der Ort, wo man sich Zeit füreinander nimmt, und es fehlen die teilnehmenden Freunde, die kein Mit-Leiden scheuen. Hier liegt wohl ein wichtiges Feld des nicht-organisierten Laienapostolates brach.

Auf die Feststellung hin, jeder brauche den Anderen, erhob sich in einem jener wiederholt angeführten Gesprächskreise der Einwand, es gebe in der Kirche doch die Einsiedler und es gebe den Kartäuser-Orden, bei dem das gemeinsame Leben durch das Schweigegebot unterbunden werde. Und ein Sprecher verwies auch noch auf die Menschenverächter, die in ihrer Abkapselung verharren.

Nun, was die Einsiedler betrifft, so müssen wir bedenken, daß sie einer besonderen Berufung und eines besonderen Charismas bedürfen. Ich erinnere hier an Klaus von der Flüe. Nicht als Vereinzelter zog er sich in seine Klause zurück; als Einzelner trat er in den Dienst der Vielen. Er schenkte ihnen seine in der Stille und im Gebet gewonnenen Einsichten und seine helfende Liebe. In der Einsamkeit reifte er zum großen Seelsorger und sogar zum politischen Ratgeber heran. Er wurde zum Friedensstifter. Die Schweiz feiert in ihm einen vaterländischen Wohltäter.

Was aber die Kartäuser angeht, deren Gebeten und Opfern wir sicher mehr verdanken, als wir wissen, so hat mir gerade der Prior eines Kartäuserklosters erklärt: „Irgendwann muß der Mensch als sprechender Mensch leben können, sonst geht er zugrunde." Und ein Kartäusermönch, den ich zum Priester geweiht habe, bekannte mir: „Ein Freund war es, der mir zur Gewißheit verholfen hat, ich sei zum Kartäuser berufen."

Der Mensch, der Glied einer Gemeinschaft ist, kann nicht allein mit Gott Umgang pflegen; er braucht überdies Umgang und Gesprächsaustausch mit den Anderen. Selbst bei einer äußersten Entscheidung, einer Letztentscheidung, tut uns der mitdenkende, mitfühlende Gefährte not, das Ringen zu zweien, das Wort und Gegenwort, in dem sich der Entschluß klärt.

Und jetzt noch zu den Menschenverächtern. Auch sie brauchen den Anderen. Sie tun nur so, als seien sie unabhängig. Sie brauchen, wie jeder von uns, ungezählte Dienste, die ihnen nur Mitmenschen erweisen können, angefangen bei den gelieferten Lebensmitteln bis hin zur gefertigten Kleidung. Und wer kümmert sich um den Menschenverächter, wenn er schwer erkrankt? Die Ärzte und die Schwestern in der Klinik. Die

Aufzählung könnte ins Unendliche gehen. Und wie ist es im Seelischen? Hat der heutige Menschenverächter nicht einmal eine Mutter gehabt, die ihn in Liebe barg, einen Vater, der für ihn sorgte? Haben nicht Geschwister ihn in ihren Kreis aufgenommen? Haben nicht eifrig bemühte Lehrer sich um ihn gekümmert? Hier ergäbe die Aufzählung wiederum eine nicht endende Reihe.

Menschenverachtung und Abkapselung ist etwas Entartetes, das auf trübe, unverarbeitete Erlebnisse zurückgehen mag, aber auch auf eine törichte Einseitigkeit, denn wir alle machen mit Menschen außer enttäuschenden doch sehr viel gute Erfahrungen. Gewiß treffen wir immer wieder auf unlautere Beweggründe, vielleicht sogar in unserer Familie, aber sind unsere eigenen Beweggründe stets lauter? Die Gemeinschaft der Menschen ist eine Gemeinschaft von Bedürftigen, wie die Gemeinschaft der Kirche eine Gemeinschaft von erlösungsbedürftigen Sündern ist. Der Realist, der Lebenserfahrene weiß dies.

Jesus von Nazaret, der für die Christen das Inbild des wahren Menschen darstellt, hat die schuldhaften, sündigen Beweggründe in den Herzen tiefer durchschaut als jeder Andere.

Und wie verhielt er sich? Statt mit Verachtung antwortete er mit Liebe: Jesus wusch seinen Jüngern die Füße. Und selbst er, der Gottessohn, war bedürftiger Mitmensch. Er wollte und brauchte die Gemeinschaft. Er brauchte Johannes, „den er liebte" (Joh 19, 26), und er brauchte seine anderen Jünger, die ihm Freunde waren und seine Botschaft in die Welt hinaustragen sollten. Er genoß die Gastfreundschaft der Geschwister Lazarus, Maria und Marta, bei ihnen erholte er sich, und er war darauf angewiesen, daß ihm wohlhabende Anhänger mit ihrem Vermögen dienten. Und wie war's in seiner Todesangst am Ölberg? Er wünschte, daß seine Jünger mit ihm wachten.

Jesus kannte den Sinn seines Lebens. Aber auch er bedurfte der Gefährten auf seinem Weg. Und er bedurfte ihrer, um sein Werk zu vollbringen.

In Romanen, Erzählungen, Bühnenstücken und Filmen taucht immer wieder ein Menschenverächter, ein Außenseiter oder ein von der Gemeinschaft Ausgestoßener auf, dem ein liebender Mensch neue Lebenswärme gibt und ihn dadurch ‚erlöst'. In Stifters Erzählung *Der Hagestolz* ist die Fabel von einem Mann, der sich, seelisch verwundet, auf eine abgelegene Insel zurückgezogen hat und den dort die Liebe durch einen Neffen einholt, zur ernsten Dichtung erhoben. Aber meist wird die Fabel vom Abgekapselten sentimental oder in komischer Manier behandelt: Ein rührendes Kind findet Zugang zu dem oder der Einsamen, oder eine attraktive junge Frau krempelt einen eingefleischten Junggesellen durch ihre listige Draufgängerei um. Mögen aber viele dieser Geschichten noch so billig dargeboten sein, sie enthalten immerhin den großen Wahrheitskern: die Heilkraft der Liebe, die Befreiung durch Liebe zum gemeinschaftlichen Leben. Denn keiner findet ja den Lebenssinn allein.

Den Variationen von bekehrten Menschenverächtern, geheilten Außenseitern oder in die Gemeinschaft zurückgeholten Ausgestoßenen stelle ich eine Begebenheit aus dem Evangelium gegenüber, die Geschichte von Zachäus, einem reichen Oberzöllner (Lk 19, 1–10).

Jesus kommt nach Jericho. Die Bevölkerung, die den Propheten und Wundertäter sehen und hören will, strömt zusammen, und der Zöllner Zachäus klettert, weil er klein ist von Gestalt, auf einen Maulbeerbaum. Dort erblickt ihn Jesus, ruft ihn herunter und lädt sich bei ihm zum Essen ein. Die ehrsamen Juden mit der weißen

Weste sind entsetzt: Dieser Jesus von Nazaret hält Mahlgemeinschaft mit einem solchen Gauner! Die Zöllner, in römischen Diensten als Steuereinnehmer tätig, sind geächtet wie die Dirnen; sie gelten landauf landab für Kollaborateure und Betrüger.

Zachäus geht voll Freude auf den Vorschlag des Propheten ein. Warum? Doch sicher deshalb, weil dieser aus der Gemeinschaft Ausgestoßene wie jeder von uns dankbar ist, wenn er Aufmerksamkeit findet, wenn er angesprochen wird – vor allem von einem Menschen, den er verehrt. Durch Jesus widerfährt dem Zöllner Ehre, Herzlichkeit, Vertrauen.

Die Gesellschaft hat Zachäus ausgestoßen und durch ein Pauschalurteil in seiner Selbstachtung gekränkt. „Nie aber", so betonte der französische Dichter Saint-Exupéry, „habe ich das Recht, einen Menschen durch irgend etwas, was ich tue oder sage, in seinen Augen herunterzusetzen. Es kommt nicht darauf an, was *ich* von ihm denke, sondern darauf, was *er* von sich denkt. Die Selbstachtung eines Menschen zu untergraben ist eine Sünde." – Nun, Jesus richtet die Selbstachtung des Gedemütigten wieder auf; ja, er bestätigt den Zöllner durch seinen Besuch so sehr in der Selbstachtung, daß dieser seinem Gast beteuert: Er gebe die Hälfte seines Vermögens den Armen und erstatte denen, die er benachteiligt habe, das Vierfache zurück.

Jesus reicht dem Ausgestoßenen die Hand, spricht mit ihm. Zachäus kann wieder atmen, kann wieder leben, weil ein liebender Mensch Ja zu ihm sagt.

Siebte These

Wer
Sinn erfahren und erfüllen
will, nehme seine
Lebenswirklichkeit an
und verändere sie
zum Besseren

Thomas von Aquin hat erklärt, die Wahrheit sei die Übereinstimmung mit den Gedanken Gottes. Die gleiche Erkenntnis läßt sich auch so ausdrücken: Sinnerfüllt lebt, wer mit den Gedanken Gottes, mit den Plänen Gottes, mit dem Willen Gottes übereinstimmt. Der heilige Thomas behauptet nicht, daß wir alle Wahrheit und das umfassende Sein Gottes erkennen; er meint, wir könnten aus unserer Lebenslage heraus *unsere* Wahrheit erkennen, die mit dem Willen Gottes übereinstimmt. Die von uns erahnte und erkannte Wahrheit ist es, die wir verwirklichen sollen.

Wir verwirklichen die Wahrheit, indem wir Ja sagen zu den Anforderungen, die an uns ergehen. Die Wahrheit, um die es sich hier handelt, kann zwar immer nur eine Teilwahrheit sein, aber auch für diesen Teil gilt das Wort des Kirchenlehrers.

Vor kurzem besuchte ich ein junges Paar, das

ich getraut habe, und nun ist aus dem Paar eine Familie geworden, denn die beiden haben jetzt einen Jungen. Bei diesem Besuch erlebte ich, wie die Mutter für ihr Kind da ist und es umsorgt, wie sie mit dem Söhnchen spricht und spielt. Sie reißt ihr Kind nicht in unbeherrschtem Entzücken an sich, sie geht behutsam mit ihm um; man spürt ihre Ehrfurcht vor der kleinen Person. Dieses Mutter-Kind-Verhältnis fesselte und erfreute mich derart, daß ich dachte: Die junge Frau ist ganz das, was sie sein soll. Sie lebt in Übereinstimmung mit den Gedanken Gottes, denn sie vermittelt ihrem Kind die Atmosphäre von Liebe, gibt ihm Geborgenheit und führt es durch ihre Worte in die Sprachgemeinschaft und damit in die Menschengemeinschaft ein. Vielleicht bin ich erst in dreizehn, vierzehn Jahren wieder im Hause dieses Elternpaares, das bis dahin noch weitere Kinder bekommen hat. Bei ihrem Ältesten erleben sie dann nicht mehr das reine Glück des Anfangs, weil ihr Junge nun die Reifejahre durchstehen und in einer schmerzlichen Ablösung von den Eltern zu sich selber finden muß. Er ist bockig, er widerspricht. Er verkriecht sich oft und will allein sein; dann wieder geht er mit lärmenden Kameraden aus. Er beharrt auf seinen Rechten und auf seiner ‚Freiheit‘, worunter er seine Unabhängigkeit versteht.

Das Glück des Anfangs wird in dieser Wachstumsphase des Jungen zum belasteten Glück. Insbesondere die Mutter würde jetzt ihren Lebenssinn verfehlen, wenn sie sich gegen ihren ungebärdigen Sohn erbitterte und ihm das vorenthielte, was er von ihr erwartet: Verständnis und Geduld. Hilfreich sind ihr dabei die Erinnerungen an ihre eigene Reifezeit und ihr Humor, der aus der gütigen Überlegenheit des Erfahrenen fließt. Werdenöte findet der Kundige selbstverständlich. Er weiß, daß sie unerläßlich sind für die reifende Persönlichkeit und daß auf die Sturm- und Drangzeit eine harmonischere Phase folgt.

Und was wäre im Beruf die Übereinstimmung mit dem Willen Gottes? Oder ich sage besser im *Erwerbs*beruf, denn das Hausfrau- und Muttersein ist ja wahrlich auch ein Beruf, was man heute leider häufig verkennt.

Ich komme auf jenen Schulleiter zurück, der in naivem Reformeifer seine Laufbahn begonnen hat und bald enttäuscht und entmutigt dastand, weil die Lebenswirklichkeit seinen Erwartungen nicht entsprach; der aber mehr und mehr den Willen Gottes erkannte und im Lehrberuf seine Sinn-Gestalt fand. Er wurde zum unermüdlichen Pädagogen, der seine Schüler nach dem Menschenbild, dem er sich verpflichtet wußte, lehrte und erzog.

Ebenso überzeugend habe ich die Sinn-Erfüllung bei einer Pflegerin von geistig Behinderten, bei einer Entwicklungshelferin in Malawi und bei einem Journalisten erlebt.

Irgendwo kam ich in ein Pflegeheim mit geistig Behinderten. Dabei besuchte ich auch einen Saal mit den Hilflosesten, die nur lallend im Bett liegen und gefüttert werden müssen. Eine noch junge und hübsche Ordensschwester war eben beim Abräumen des Eßgeschirrs. Der Gegensatz zwischen den Geistesschwachen und der anmutigen Pflegerin bewegte mich. Ich fragte die Schwester: „Wie halten Sie denn Ihren schweren Dienst aus? Wie begründen Sie Ihre Aufgabe vor sich selbst?" Als hätte sie diese Frage schon oft beantwortet, entgegnete sie ohne Zögern: „Ich mußte auch erst in meinen Dienst hineinwachsen. Aber jetzt bin ich ganz sicher, daß ich hier meine Lebensaufgabe gefunden habe. Wir pflegen in diesem Haus die unendlich kostbare menschliche Person in ihrer äußersten Verhülltheit, wie unser Pfarrer sagt. Damit tun wir nicht nur den geistig Behinderten einen Dienst; wir dienen damit auch den Menschen draußen in der Welt. Gleichsam stellvertretend achten wir in den Behinderten die Würde eines jeden Menschen und bekämpfen wir den Rückfall in die Barbarei. Was würde aus den Menschen, wenn sie nicht Gelegenheit erhielten zu Milde, zu Güte, zu mütterlicher, zu väterlicher Hingabe? Von Besuchern hören wir viele plumpe Bemerkungen, aber die Nachdenklichen verstehen unseren Dienst."

Und mein anderes Erlebnis auf einer Missionsstation in Afrika:

Bei einem Besuch in Malawi lernte ich eine ältere amerikanische Entwicklungshelferin kennen, die mit den Missionaren ins Land gekommen ist und am Aufbau des Gesundheitswesens mitarbeitet. Sie behält Mütter mit kleinen Kindern auf der Station, bis die Frauen die geeignete Körperpflege und Ernährung der Säuglinge und Kleinkinder gelernt haben. Entsetzliche Hauterkrankungen in den ersten Lebensjahren sind weit verbreitet. Hunderte von Familien hat diese selbstlose Amerikanerin durch gesundete, fröhliche Kinder wieder glücklich gemacht.

Der Journalist, den ich zuletzt nannte, war eine Zeitlang Reporter für Reise- und Urlaubsfragen. In heiterem Plauderton wußte er von Landschaften und Volksgebräuchen, vom Treiben an Badeständen und in Ferienhotels zu berichten. Durch seine Aufgabe kam er viel in der Welt herum. Und da er offene Augen und ein fühlendes Herz hat, übersah er nicht die Not der Unzähligen, die im Vergleich zu unseren Touristen bettelarm sind; es fehlt ihnen oft am Notwendigsten. So verband dieser Reporter das Angenehme mit dem Nützlichen. Durch seine Schilderungen in Zeitungen und Zeitschriften wurde er – ganz ohne revolutionäres Pathos – zum Anwalt der Armen. Dazuhin rief er zu Spenden auf. Als fähiger Journalist und geschickter Organisator regte er mit Erfolg zum Helfen an; erkleckliche Summen kamen zusammen.

Gemeinsam an meinen Beispielen ist dies: Da sind Menschen, die sich nicht in unverbindliche Träume von einer anderen, vollkommeneren Welt verlieren. Sie machen keine Sprüche, was in der Welt alles verbessert und getan werden müsse; sie begnügen sich nicht mit Phrasen. Sie packen an. Sie graben den Acker der wirklichen Welt Scholle um Scholle um, damit sie säen und ernten können. Sie tun das Wirklichkeitsgemäße und somit das Gute. Sie nehmen ihre Lebenswirklichkeit an und verändern die Welt zum Besseren. So erfahren und erfüllen sie Sinn.

Was immer so war, wird auch immer so bleiben, behauptet eine bekannte, aber gefährliche Volksweisheit. Was immer so war, muß und darf nicht immer so bleiben, sagt die biblische Offenbarung. Jesus selbst belehrt uns: „Keiner, der die Hand an den Pflug legt und nochmals zurückblickt, taugt für das Reich Gottes" (Lk 9,62). Das Reich Gottes will Menschen, die vorwärtsdrängen und Hand anlegen. Mit Christus hat das Gottesreich schon begonnen in der Zeit, keimhaft ist es eingesenkt in unsere Welt; wir sollen es entfalten, wobei wir die Verheißung haben, daß es vollendet wird jenseits der Zeit. So führt die christliche Hoffnung mitten in die Welt hinein, nicht nur aus ihr heraus, wie dem Christenglauben oft vorgeworfen wird. Nein, das Erhoffte hat die Christen immer schon ermutigt, die Welt zum Besseren zu verändern. Die Urgemeinde nahm sich in besonderer Weise der Armen an, und die Sorge der Christen für die ‚sozial Schwachen' ging durch alle Jahrhunderte bis hin zu Mutter Teresa in Kalkutta heute. Niemals vertröstete christliche Hoffnung nur auf das Jenseits; zu allen Zeiten und bei allen wahren Christen war sie tätige, war sie zupackende, war sie eine Welt-verändernde Hoffnung. Denken wir doch nur an die Heiligen, die Walter Nigg als „gelebtes Evangelium" bezeichnet; wie sehr haben gerade sie das Antlitz der Erde verändert!

Den Steckbrief zum Erkennen der wahren Weltverbesserer habe ich gegeben. Sie, diese Weltverbesserer, gibt es auch in der Politik, der Justiz, der Wirtschaft, der Forschung und so fort. Blicken wir uns um und halten Ausschau nach ihnen. Jeder vorbildhafte Mensch ermutigt uns zu eigenem fruchtbarem Tun.

Durch ein solches Tun entscheide ich mit darüber, wie sinnvoll mein Leben und das der Anderen ist, und schließlich trage ich damit auch zur menschlichen Geschichte bei.

Achte These

Nur
dann hat das Leben einen Sinn,
wenn dieser
über den Tod hinaus gilt

Der Mensch sehnt sich nach einer letzten Erfüllung. Seine Sehnsucht kann verschiedene
Formen annehmen. Die allgemein gestellte
Sinnfrage steht im Zusammenhang mit dieser
Sehnsucht. Doch führt sie nicht ohne weiteres
ins ‚Religiöse‘. Die Psychologen sprechen zwar
von einem religiösen Urverlangen des Menschen, wissen aber auch, daß die Erfüllung solchen Verlangens vielen zweifelhaft erscheint.
Jedenfalls sehen sie im Jenseits nicht das Reich
eines liebenden Gottes, in dem der Mensch und
die Welt ihre Vollendung erlangen; das Jenseits
ist ihnen höchstens ein nebelhaftes, antlitzloses
Drüben, eine unbekannte und ungewisse Zukunft, über die man nichts Genaues weiß.

Die Sinnfrage mündet also beim Einzelnen
nicht zwangsläufig in einen Gottesglauben oder
gar in den Gottesglauben der Christen, der jedem sehnsüchtigen Wahrheitssucher Sinn-Erfüllung verheißt: in der Anschauung, in der
Liebe eines persönlichen Erlösergottes.

Wer die Erlösungsbedürftigkeit schmerzlich erlebt, wer sich den letzten Ängsten und Hoffnungen bewußt stellt, wer nicht flieht vor dem Eingeständnis von Schuld und Sünde: der öffnet sich am ehesten für die christliche Offenbarungswahrheit. Denn wir können uns nicht selbst erlösen, so viele Praktiken die Menschen auch seit je für ihre Selbsterlösung anzuwenden versuchten. Das Christentum gibt dem Menschen die letzte Antwort auf die Frage nach dem Heil. Antworten, die sich nur auf einen Sinn innerhalb der Welt beziehen, verlieren ihre Tragkraft spätestens auf dem Sterbelager. Vom Tode kann nicht schweigen, wer vom Sinn des Lebens reden will. „Wo der Tod das Letzte ist, dort ist das irdische Leben alles oder nichts", schreibt Dietrich Bonhoeffer in seiner Ethik.

Daß die innerweltliche Ziel-Erfüllung, zum Beispiel des Marxismus, vor dem Tod versagt, habe ich bei einer Reise in Polen wieder eindringlich erfahren. Ich hörte dort von einem marxistischen Schriftsteller, der unter anderem ein Buch über den Sinn des Lebens geschrieben hat. Darin beteuerte er: Und wenn er nur ein Sandkorn wäre, das zur Entwicklung der sozialistischen Gesellschaft beitrage, so sei ihm dies Lohn und Lebenssinn genug. Für sein Buch wurde der Verfasser mit verschiedenen Preisen ausgezeichnet. Da erlag er Mitte der Dreißig in qualvollen Krankheitswochen einem verschleppten Krebsleiden. Er rief seinen Bruder zu sich, diktierte ihm einen Brief und bat ihn, diesen an seinem Grab zu verlesen: „Sage damit allen Versammelten, daß das, was ich über den Lebenssinn geschrieben habe, angesichts des Todes Schall und Rauch ist. In einer Buchveröffentlichung kann ich mein Geschwindel nicht mehr zurücknehmen, dazu bleibt mir keine Zeit, aber ich verwerfe es mit diesem Zeugnis. Nur dann hat das Leben einen Sinn, wenn der Sinn nicht in die Leere, sondern zu Gott führt."

Der Bruder tat mutig, wie ihm geboten, und es gab einen ungeheuren Skandal. Dieser Kronzeuge eines marxistischen, rein innerweltlichen Lebenssinnes widerrief! Sterbend war einem vordem so Linientreuen aufgegangen, daß der Mensch nicht nur als Dünger der Geschichte, als Förderer günstigerer Lebensbedingungen für die nächste Generation begriffen werden will. Keiner findet darin Trost, daß auf seinem Grab einmal Glücklichere tanzen.

Unweigerlich drängt sich die Überlegung auf: Wie ist's mit dem Tod? Ist mit ihm alles aus, alles beendet, Person und Werk? Wozu noch leiden? Womöglich im Alter jahrelang ein Pflegefall sein, von der Hilfe und Laune der Mitmenschen abhängig? Oder wozu in Afrika oder Indien oder sonstwo im Zeitlupentempo verhungern? Bedeutet der Tod das Ende unseres Daseins, dann können wir uns als Gepeinigte oder Gelangweilte fragen, ob das ,Experiment Menschsein' nicht lange genug gedauert habe und wir endlich damit Schluß machen sollten. In einer Abhandlung mit dem Titel *Der Mythos von Sisyphos* schreibt der Franzose Albert Camus, der sich zu einem heroischen Nihilismus bekennt, schon im ersten Satz, er sehe „nur *ein* wirklich ernstes philosophisches Problem: den Selbstmord".

Hier wird die Frage dringlich: Wie steht es mit dem Glauben? Das Leben hat nur einen Sinn, wenn es mit dem Tod zusammen einen Sinn ergibt. Der Tod stellt eine Schwelle dar, an der wir mit unserem Erkenntnisvermögen keine Antwort mehr geben können. Wir müssen uns die Antwort geben lassen, müssen sie empfangen.

Sinn gilt es zu stiften; gleichzeitig aber ist Sinngebung Gnade. Die Welt und das Leben sind geschaffen. Sie genügen dem Menschen nicht. Unsere Seele ist unruhig, bis sie in Gott ruht – nach dem bekannten Wort von Augustin. Der Sinn kommt auch im Glauben immer neu auf uns zu. In welcher Weise? Als Verheißung. Gott wendet sich uns zu, er hält Gemeinschaft mit uns. Er schließt mit uns den Bund der Treue. Er offenbart sich im Sohn, der das befreiende Wort spricht: „Wer glaubt, hat das ewige Leben" (Joh 6,47). Nicht nur von einer theoretischen Sinn-Antwort ist da die Rede. Der christliche Glaube und die aus ihm wachsende Hoffnung sind mehr als ein bloßes Wissen, wie es um den Sinn bestellt ist; sie sind bereits Teilhabe am neuen Leben. Durch die Gemeinschaft mit Jesus Christus hat für den Glaubenden die Zukunft schon begonnen.

Der Menschensohn sagt uns, daß in allem, was geschieht, die Liebe Gottes am Werk ist. Dies können wir ablesen an Golgota und erst recht am Oster-Ereignis. Das gesamte Neue Testament versichert, daß christlicher Glaube und christliches Leben einzig auf der Auferstehung Christi beruhen. Den Jüngern hat sich Jesus nach Tod und Begräbnis lebend gezeigt.

„Ich lebe", so ruft uns der Menschensohn zu, der zunächst am Kreuz scheiterte und dann auferweckt wurde. Dieses „Ich lebe" bezeugt die Wahrheit, daß Gottes allmächtige Liebe stärker ist als der Tod. In der Auferstehung erweist sich Gott als der Freie und Lebendige, der weder seinen Sohn noch seine erwählten Geschöpfe der Verlorenheit überantwortet. Mit seinem Siegesruf „Ich lebe" verkündet uns Jesus zugleich die Frohbotschaft: „Auch ihr sollt leben!" Jetzt wissen wir: Unsere ursprünglichen Erwartungen gehen nicht ins Leere; sie sind kein Trug. Und auch das Seufzen und Harren der Schöpfung, wovon Paulus spricht, findet seine Rechtfertigung – findet sie in einem vollendeten, unzerstörbaren Leben.

Wenn es diese letzten Antworten auf die Sinnfrage nicht gäbe, käme ich zu dem Ergebnis, daß das Leben zum größten Teil sinnlos ist – zum größten Teil, sage ich, weil noch ganze Völker hungern, weil persönlicher Haß vielen Menschen ihr Dasein zum Ekel macht; weil uns furchtbare Schicksalsschläge treffen können. Manche Schriftsteller und Philosophen ziehen daraus den Schluß, das Leben sei eine Hölle. Und wer muß in seinem Leben nicht Ängste, Sorge, Krankheiten, Schmerzen, unersetzliche Verluste erleiden und durch eine Hölle von Anfechtungen und Mißgunst hindurchgehen?

Hier gibt es für mich nur das schweigende

Vernehmen jenes Gebetszitates am Kreuz:
„Mein Gott, mein Gott, warum hast du mich
verlassen?" (Mt 27,46.) Jesus hat dieses
Psalmwort in unser aller Namen hinausge-
schrien, weil wir uns oft so verlassen fühlen,
hilflos preisgegeben, vor allem im Sterben. Da
aber der Menschensohn die Frage „Warum hast
du mich verlassen?" in seiner Todesstunde vor
Gott gebracht hat und da Gott ihn und sein Opfer annahm, darum ist uns neues Leben ge-
schenkt für Zeit und Ewigkeit. In der Offenbarung des Johannes lesen wir: „Er legte seine
Rechte auf mich und sprach: Erschrick nicht!
Ich bin der Erste und der Letzte und der Lebendige. Ich war tot, doch ich lebe in Ewigkeit,
und ich habe die Schlüssel des Todes und der
Welt des Todes" (Offb 1,17–18).

Weil Christus lebt und wir mit ihm leben sollen, ist Leben sinnvoll. Das uns verheißene
neue Leben übersteigt unsere Vorstellungen.
Aber wir dürfen getrost auf die ewige Zukunft
vertrauen: „Was kein Auge gesehen und kein
Ohr gehört hat", das hat „Gott denen bereitet,
die ihn lieben" (1 Kor 2,9). Stefanus, der unter
dem Steinhagel aufgebrachter Gesetzesfrom-
mer zusammenbrach, konnte den zurückblei-
benden Brüdern noch kundtun: „Ich sehe den

Himmel offen" (Apg 7, 56). Er glaubte durch die Katastrophe hindurch an die Auferweckung derer, die ihren letzten Lebenssinn in Gott suchen.

Und mit unserer Person haben auch unsere Taten Ewigkeitsdauer, wenn wir sie in Gott bergen, denn die Offenbarung des Johannes bezeugt uns: „Ihre Taten gehen mit ihnen" (Offb 14, 13). Ohne unsere Glaubenszuversicht sind wir eben Dünger der Geschichte oder auch nur Schrott, verbrauchter Stoff. Wer der Verheißung vertraut, weiß, daß im Neuen Himmel und auf der Neuen Erde unsere Gedanken und Werke, in Übereinstimmung mit dem Willen Gottes gedacht und getan, fortleben und ihre Vollendung erlangen.

Neunte These

Der
christliche Glaube
klärt und weitet
den Sinn-Horizont

Wir können nur stückweise, nur teilweise Antworten auf die Sinnfrage geben. Auf diese Sinn-Antworten dürfen wir aber nicht verzichten, soweit sie sich durch eigene Erfahrung und Denkanstrengung finden lassen. Vor allem möchte ich bekräftigen: durch eigene Erfahrung.

Heute vermerken manche Kulturkritiker, daß die Erfahrung der Sinnlosigkeit eigentlich eine Erfahrung der Erfahrungslosigkeit sei. Nur der Erfahrene erkenne den Sinn. So sei der Kult der Jugendlichkeit nicht nur die Anbetung von Jugend, von Kraft, von Schönheit, nein, es sei auch ein Kult der geringen Erfahrung. Der alte Mensch war früher so hoch geachtet, weil er Erfahrung besaß. Wer ihm ehrerbietig und dankbar zuhörte, bekam aus seinem Erfahrungsschatz Weisheit und Glaubenszuversicht mitgeteilt. „Bin alt geworden, drum gilt mein Wort", läßt Mörike in einem Gedicht eine betagte Frau sagen.

Der heranwachsende junge Mensch lehnt häufig die Erfahrungen der Älteren ab; er will sich selber auf den Weg machen, mit wenig Gepäck. Wo die Jugend auf Verkrustungen stößt, hat sie sogar den Auftrag, sie zu durchbrechen und nach neuen Lebensformen zu suchen. Auch müssen wir, laut Goethe, das Ererbte erwerben, um es zu besitzen. Und der Apostel fordert uns auf: „Prüft alles und behaltet das Gute" (1 Thess 5,21). Doch bald erkennt der junge Mensch – wenn er wirklich sucht und nicht nur unverbindlich diskutiert –, daß ihm bei vielen Lebensfragen der Kompaß fehlt. Durch manche Irrtümer belehrt, sieht er ein, daß die Grundsätze etwa seines Vaters so übel nicht sind. Er merkt, daß er da auf die ‚geronnene Erfahrung' ganzer Generationen trifft. Mit zunehmender Reife hält er seinen ‚alten Herrn' wohl gar für einen gescheiten, weltkundigen Mann – wenn er das Glück hat, einen solchen Vater zu besitzen. Als schon Erfahrener zeigt sich der junge Mensch nunmehr der Belehrbarkeit zugänglich, die uns der heilige Thomas von Aquin so dringend empfiehlt.

Wenn die Christen schon Säuglinge in die kirchliche Gemeinschaft aufnehmen, indem sie diese zur Taufe bringen, vertrauen sie auf die vorgegebene Gnade und auf eine christliche Erziehung. Sie wollen, sofern sie erleuchtete Christen sind, die selbständigen Schritte ihrer Kinder durchaus nicht behindern, im Gegenteil. Gott ist ja der Garant des Menschen, der Schöpfer, Erhalter und Erlöser, nicht des Menschen Konkurrent, nicht dessen Widersacher. Daher sind gläubige Eltern der Überzeugung, daß die vorgegebene Glaubenswirklichkeit klärend und helfend voranführt auf allen Lebensgebieten und daß sie den Sinn-Horizont erweitert.

Wer gewissermaßen horizontlos in den Tag hineinlebt, beschlagnahmt durch modische Denkweise, durch gängige Ideologien, der wird den bleibenden Sinn der Wirklichkeit und des Daseins nicht erkennen. Der Mensch braucht einen zuverlässigen Standort, der ihm Weitsicht gewährt. Nach Augustinus schenkt der Glaube geradezu „neue Augen". Der Gläubige sieht und beurteilt die Wirklichkeit nicht nur durch die Brille der eigenen, beschränkten Erkenntnis. Gottes Wort und Weisung schärfen seinen Blick, weiten sein Sehfeld, seinen Horizont, geben ihm wahre Orientierung.

Was das bedeutet, sei wiederum an Beispielen anschaulich gemacht:

Grundlegende Werte und deren Rangordnung kennt der Christ durch das Menschenbild der Heiligen Schrift. Der Mensch ist nach Gottes Bild entworfen und geschaffen. Sein Lebenssinn ist dadurch gekennzeichnet, daß er als Partner Gottes die Welt gestaltet, sich in Liebe den Anderen zuwendet und in persönlicher Verantwortung vor Gott der wird, der er werden soll. So ist der gottgeschaffene Mensch zur Freiheit berufen, zur höchsten Selbstverwirklichung, wie wir es an früherer Stelle schon ausführten.

Gehen wir kurz auf den Begriff Freiheit ein. Wer durch den Christenglauben einen Kompaß mitbekommen hat, kann Freiheit nicht mit Willkür und Selbstsucht verwechseln. Unsere freiheitlichen Demokratien des Westens, wie wir zur Unterscheidung von den ‚Demokratien‘ sowjetischer Prägung sagen, haben nur dann Bestand, wenn das Verhältnis von Freiheit und Verantwortung richtig verwirklicht wird.

Hierzu äußerte sich Bundespräsident Walter Scheel in einer Ansprache bei der Fünfhundertjahrfeier der Universität Tübingen. Ich zitiere:

„Die ‚freie Entfaltung der Persönlichkeit‘ ist das Thema aller demokratischen Politik. Ihr

Ziel ist es, gegen gesellschaftliche Mächte...
diesen immer gefährdeten Freiraum des Einzelnen zu sichern, zu erweitern, zu schützen...
Politiker, Journalisten, Professoren denken heute öffentlich über Themen nach, die vor gar nicht so langer Zeit höchstens Gegenstand von Seminaren oder Akademien waren, Themen wie: Zusammenhang zwischen Politik und Moral, Grenzen des Wachstums, Änderung unseres Lebensstils. Man spricht über den Zusammenhang zwischen Freiheit und Verantwortung, über die Mißachtung der Spielregeln, über die Bedeutung des politischen Stils in der Demokratie."

Der Bundespräsident läßt keinen Zweifel darüber, daß die in unserer Demokratie eingeräumte Freiheit an die Verantwortung gekoppelt ist, die jeder Bürger der Gemeinschaft schuldet. Das Anrecht auf freie persönliche Entfaltung aber entspricht, ebenso wie die Verpflichtung der Gesamtheit gegenüber, dem christlichen Menschenbild. Und auch der Hinweis Walter Scheels auf die bleibende Unvollkommenheit unseres demokratischen Staatswesens stimmt überein mit unserem christlichen Bild vom Menschen. Denn der Mensch ist ja ein werdendes Wesen – die Vollkommenheit erreicht er erst gnadenhaft im göttlichen Vollendungsreich –, und auch seine Werke sind ‚im Werden'. So bleibt selbst die höchste Staatsform, die freiheitliche Demokratie, unfertig; sie gelangt nie zu ihrer letzten Vollkommenheit. Damit sie aber vollkommener werde, bedarf sie – nach Scheels Formulierung – der „kritischen Sympathie" ihrer Staatsbürger, nämlich solcher Korrekturvorschläge, die nicht niederreißen, sondern aufbauen.

Das christliche Freiheitsverständnis spielt heute auch bei anderen brennenden Fragen eine große Rolle, so etwa beim Schwangerschaftsabbruch. Die Tötung des ungeborenen Lebens wegen eines sozialen oder wirtschaftlichen Notstands ist für das christliche Gewissen unannehmbar, weil ein Menschenleben nicht untergeordneten Belangen geopfert werden darf, und dies gar in einem Staat, der sich als Sozialstaat versteht. Auch die sogenannte Sterbehilfe, die auf eine Tötung unheilbar Kranker im vermuteten Endstadium hinausläuft, widerspricht nach christlicher Auffassung der Unantastbarkeit des Lebens. Andererseits aber lehnt die christliche Ethik die mit allen Mitteln versuchte Verlängerung eines todgeweihten Lebens ab, besonders dann, wenn sie naturwidrig und menschenunwürdig zu werden droht. Der Mensch hat ein angestammtes Recht auf einen würdigen Tod. Ist seine Stunde gekommen, soll er sterben dürfen.

Die Folgerungen, die sich aus dem christlichen Menschenbild ergeben, ließen sich noch in langer Reihe fortsetzen. Immer aber führen sie uns zu der Erkenntnis: Nur dort wird das ganze Leben des Menschen, seine Unantastbarkeit und seine Würde bewahrt, wo es von Gott her und auf ihn hin gesehen ist. –

Unsere These lautet, daß der christliche Glaube den Sinn-Horizont klärt und weitet. Gehen wir unter diesem Betracht jetzt von neuem auf die Frage ein: Warum gibt es Leid und Leiden in der Welt?

Wie jeder Mensch macht auch der Christ mit Leid und Leiden seine Erfahrungen, aber von vornherein hat er das Bild des leidenden Gottesknechtes vor Augen und dessen Wort im Ohr: „Wer zu mir gehören will, verleugne sich selbst, nehme sein Kreuz auf sich und folge mir nach" (Mt 16, 24). Im Blick auf den Menschensohn kann der Christ dem Leid und Leiden weithin einen Sinn abgewinnen, indem er den Sinn in seinem gläubigen Herzen erfährt. Leid und Leiden können den Gottesfreund in die

Tiefe führen, ihn mit Verständnis für alle Leidenden erfüllen, ein schöpferischer Antrieb für ihn sein, dem Elend in der Welt so gut wie möglich abzuhelfen. Und wo auch der Christ die Warum-Frage offenlassen muß, kann er noch immer mit einer religiösen *Haltung* antworten: Ich will mein Kreuz tragen in der Nachfolge Christi; Herr, gib mir die Kraft dazu!

Während ich dies schreibe, denke ich an die vor politischer Verfolgung aus Vietnam Fliehenden, die kein Land aufnehmen will, und doch habe ich aus dem Mund eines christlichen Vietnamesen das Bekenntnis vernommen: „Wir irren durch die Welt und glauben noch immer an den Sinn des Lebens, weil wir an die Liebe Gottes glauben."

Der Christ kann hoffen wider alle Hoffnung; kann hoffen, wenn er scheitert, wenn er niedergeschlagen, wenn er verloren ist. Der Theologe Eugen Biser ging bei einer Betrachtung der Sinnfrage einmal auf die biblischen ‚Verlorenheits-Gleichnisse' ein. Er machte sich Gedanken über die Geschichte vom barmherzigen Samariter. Der Barmherzige – ein lebendiges Abbild des rettenden Gottes, mit dem wir im Glauben verbunden sind – dieser Barmherzige bringt den Verwundeten, hilflos Daliegenden in die Herberge, um ihn dort pflegen zu lassen. Er spricht dem unter die Räuber Gefallenen nicht beschwichtigend zu, er gibt ihm keine Auskunft, wohl aber gibt er ihm eine Unterkunft. Genau dies ereignet sich beim Glaubenden: Er, der unter die Schicksalsschläge gefallen ist, der quälende Zweifel, Angst, Todesverfallenheit erdulden muß – er erhält vom barmherzigen Gott keine Erläuterungen, wenn er fragt: Wozu denn das alles? Worin soll da Sinn liegen? Gott schenkt ihm viel mehr; er führt ihn in die Herberge, wo ihm Heilung zuteil wird: Heil, Geborgenheit und Liebe. Ja, dies geschieht selbst dem verlorenen und reuig zurückkehrenden Sohn, der seine Lebenschancen schuldhaft vertan hat.

Eine solch tröstliche Gewißheit vermittelt uns keine Philosophie. Allein der christliche Glaube zeigt uns die Wege zur bleibenden Erfüllung. Er öffnet Sinne und Herz, damit wir unseres göttlichen Ursprungs, unserer gegenwärtigen Aufgabe vor Gottes Angesicht und unserer ewigen Zukunft im Gottesreich innewerden. Wehe uns, so darf man ein Wort des Philosophen Max Horkheimer abwandeln, wehe uns, wenn wir das theologische Lebensverständnis abschaffen, denn „damit verschwindet das, was wir ‚Sinn' nennen, aus der Welt". Und sagen wir's nun in bejahender Form: Wohl uns, wenn wir am christlichen Lebensverständnis festhalten, denn allein damit bleibt uns und der Welt der ganze Lebenssinn erhalten.

Zehnte These

Tiefster
Sinn liegt im Empfangen
und Weitergeben
von Liebe

Du bist geliebt von Gott. Dies ist nicht nur ein Wort. Darin schwingt die Lebensfülle des dreifaltigen Gottes, der Gott ist für die Welt, für die Menschheit, für dich und mich. Darauf dürfen wir bauen; dieses Vertrauen in Gottes Liebe gibt uns Sicherheit. Wie gestärkt fühlen wir uns doch, wenn wir uns von einem Menschen geliebt wissen! Um wieviel mehr muß uns Gottes Liebe stärken und sicher machen. Diese Liebe ist allgegenwärtig. Zur Illustration gebe ich ein Gespräch wieder, das ich in einer Anleitung zum Meditieren gefunden habe:

Ein junger Mann fragte einen älteren, von dem er dachte, er könne etwas über Gott sagen: „Wo ist Gott?" Der Gefragte antwortete: „Setze dich einmal ruhig hier hin, dann will ich es dir sagen." Und er begann: „Gott ist *hinter mir*, denn von ihm komme ich, und er ist mir Rückhalt und Kraft, die mich stützt. Gott ist *vor mir*, denn von ihm kommt der Strom der Gaben und Aufgaben auf mich zu, zumal in den Menschen, die mir begegnen. Und zu ihm hin bin ich unterwegs; auf ihn gehe ich zu. Gott ist *unter mir,* denn er trägt mich; ohne ihn würde ich ins Nichts versinken. Gott ist *über mir;* er sieht mich und lenkt mich. Gott ist *rings um mich;* er umarmt mich wie der Vater den verlorenen Sohn und hält mich fest umschlungen. Gott ist *in mir;* er gibt mir Freude und Frieden, Vertrauen und große Erwartung. Willst auch du solches erfahren, so gehe in die Stille, wo dich niemand stört, denke an Gott, der hinter dir ist und vor dir, unter dir und über dir, rings um dich und in dir, und sprich dabei immer: ‚Mein Gott, da bin ich.‘ Dann wirst du erfahren, was ich erfahre. Du wirst nicht nur wissen, wo Gott ist, sondern du wirst auch wissen, wie er da ist und was er für uns bedeutet.“

Dieser Text gibt nicht allein Antwort auf die Frage: Wo ist Gott? Er verhilft uns auch, wenn wir seine Anleitung befolgen, zu Meditation und Gebet.

Meditierend und betend erfahre ich, daß Gott mich wirklich trägt und wahrhaft liebt. Er bejaht mich; er will, daß ich bin. Er verläßt mich nicht. Er zieht seine Liebe unter keinen Umständen von mir ab – es sei denn, ich stieße sie in bewußter Selbstherrlichkeit zurück. „Wer zu mir kommt, den werde ich nicht abweisen" (Joh 6,37), sagt der Menschensohn. Keinen, niemanden weist unser Bruder und Freund Jesus ab; das gilt für jeden von uns ganz persönlich.

Wir werden nicht zu Verstoßenen, auch wenn wir oftmals schwach sind, Versager, kümmerliche Christen. Gebrechlich sind wir allesamt. Man muß seine Grenzen durchlitten haben, damit man vorbereitet ist auf den Einbruch des umfassenden Sinnes, der größer ist als das eigene Wollen und Können. Wer sich in seiner Armseligkeit erkennt, begreift bald, worin der Sinn des Lebens besteht: im Empfangen und Weitergeben von Liebe.

Auf die von Gott empfangene Liebe antworten wir mit Gegenliebe und wir geben sie weiter in der Nächstenliebe. Dank, Lobpreis, die Feier der Eucharistie gebühren dem Geber aller Liebe. In der Eucharistie gipfelt die antwortende Liebe deshalb, weil die Gottes- und Nächstenliebe durch Jesus Christus, den Gekreuzigten und Auferstandenen, in eins gefaßt und vor den Vater getragen wird. Von ihr, der Eucharistie her, haben Ungezählte die Kraft zur antwortenden Liebe gefunden. Sie haben geantwortet durch treues und stilles Dienen.

Immer wieder sprachen sie ihr Ja zum Willen des Vaters. Sie sprachen es noch im Leiden, sie sprachen es im bewußten Opfer oder als Märtyrer bezeugten sie es mit ihrem Blut. Unaufhörlich bekundete sich so in den mannigfachen Antworten auf Gottes Liebe, daß das Hauptgebot erfüllt wurde: „Du sollst den Herrn, deinen Gott, lieben mit deinem ganzen Herzen und mit deiner ganzen Seele und mit deinem ganzen Denken" (Mt 22,37).

Gottes- und Nächstenliebe gehören jedoch unlöslich zusammen. Es gilt, was Kierkegaard gesagt hat: „Die Liebe zu Gott und die Liebe zum Menschen verhalten sich wie zwei miteinander verbundene Türen, die nur gemeinsam geöffnet und nur gemeinsam geschlossen werden können." Wer die Liebe Gottes in seinem Leben wirklich beantworten will, der kann dabei nicht vom Menschen absehen oder an ihm vorübergehen. Christus selbst hat ja Gottes- und Nächstenliebe untrennbar miteinander verbunden. Eindringlich kommt dies in seiner Gerichtsszene zum Ausdruck: „Was ihr für einen meiner geringsten Brüder getan habt, das habt ihr mir getan" (Mt 25,40).

In dem Roman *Krebsstation* des Russen Alexander Solschenizyn liegt Jefrem, ein bärenstarker Kerl, mit einer bösartigen Geschwulst am Hals in der Klinik und liest, was er früher nie getan hat – er liest, weil er Beschäftigung sucht, vor allem aber sucht er Hilfe. Und da kommt ihm eine Erzählung von Leo Tolstoj in die Hand mit dem Titel *Wovon die Menschen leben.* Er möchte wissen, was andere zu der Frage sagen: Wovon leben wir? Und er stellt sie dem Krankenwärter und seinen Zimmergenossen, darunter einem höheren Funktionär. Der eine antwortet: vom Essen, von der Luft, vom Wasser, ein anderer: vom Arbeitslohn, wieder ein anderer: von der Heimat, und der Funktionär meint, die Menschen lebten von der Ideologie und den gesellschaftlichen Interessen. Das alles ist Quatsch, denkt Jefrem, die haben ja keine Ahnung. Freilich, es gab eine Zeit in seinem Leben, in der er ebenso dumme Antworten gegeben und noch hinzugefügt hätte: vom Alkohol – die Menschen leben vom Alkohol. Aber nun weiß er es besser; Tolstoj hat ihm mit seiner Erzählung ein Licht aufgesteckt. Er gibt die einzig richtige Antwort: Die Menschen leben von der *Liebe!* Ja, von der Liebe; Jefrem ist überwältigt worden von der Wahrheit. Der Hilfe-Sucher hat entdeckt, was ihm hilft. Jefrem erlebt so etwas wie eine Umkehr, eine Bekehrung. Er kennt nun die Karte, auf die er setzen muß, wenn sein Leben einen Sinn haben soll.

Uns hilft Liebe, und den Anderen hilft Liebe. Uns schenkt Liebe neues Leben, und den Anderen schenkt Liebe neues Leben. Dazu meint der französische Philosoph Gabriel Marcel: „Einen Menschen lieben heißt zu ihm sagen: Du, du wirst nicht sterben", denn Liebe kann nicht sterben. Sie allein übersteigt und überwindet unsere Grenzen. Ist auch menschliche Liebe zu schwach, um unsterblich zu machen: Jesus Christus, die menschgewordene Gottesliebe, hat Gott selbst auferweckt, und der Auferstandene geht uns in das ewige Reich der Liebe voran.

Das Neue Testament bezeugt uns immer wieder: „Gott ist Liebe" (1 Joh 4, 8). Im Deutschen gibt es für die vielerlei Formen der Liebe nur dieses eine Wort: eben Liebe. Alle Nuancen, alle Tönungen der Hingabe sind in ihm vereinigt. Die Griechen unterscheiden zwischen *eros* und *agape,* die Lateiner zwischen *amor, pietas, dilectio* und *caritas.* Deutsche Sprachwissenschaftler und insbesondere Übersetzer haben diesen Mangel in unserer sonst so ungemein reichen Muttersprache schon bedauert; von der Theologie her aber können wir darin geradezu einen Hinweis sehen auf die *eine* Verwurzelung aller Liebe: Jede wahre Liebe kommt von Gott.

Da der Mensch eine leibseelische Einheit darstellt, findet die Liebe, die zwar geistiger Herkunft ist, ihren Ausdruck immer auch im Leiblichen, vor allem bei den Ehegatten – doch auch in der Zärtlichkeit der Mutter, in der Umarmung unter Freunden, im Händedruck bei der Begegnung, im guten Wort, im Gruß, in der Gabe als Zeichen der Verbundenheit. Und Gott selbst drückt sich bei uns Menschen menschlich aus, nämlich hörbar, sichtbar, fühlbar: in seinem geoffenbarten Wort und in seinen Sakramenten.

Nicht oft genug können wir im ersten Korintherbrief nachlesen, was dort über die Liebe geschrieben steht: „Die Liebe ist langmütig, die Liebe ist gütig. Sie ist nicht eifersüchtig, sie prahlt nicht und bläht sich nicht auf. Sie handelt nicht unschicklich, sucht nicht ihren Vorteil; sie läßt sich nicht herausfordern und trägt das Böse nicht nach. Sie freut sich nicht über das Unrecht, sondern freut sich mit der Wahrheit. Sie erträgt alles, glaubt alles, hofft alles, hält allem stand" (1 Kor 13,4–7).

Die unmittelbare Liebe von Mensch zu Mensch hat jeder von uns schon erfahren, aber wir dürfen nicht im Nur-Persönlichen verharren; die Nächstenliebe, die *caritas* oder *agape,* hat zugleich ihre weltweite Sendung. Sie äußert sich als Bruderliebe in den Gemeinden und in der Gesamtkirche, aber sie soll sich auch in aller Öffentlichkeit bezeugen. Glaubwürdig erscheint die Kirche vornehmlich durch die Liebe, die ihre Glieder verbindet, und durch die Liebe, die sie in die Welt aussendet. Sie beschränkt sich dabei nicht auf materielle Hilfe; sie leistet zudem Beistand in persönlichen und religiösen Nöten. Es geht bei der *caritas,* bei der kirchlichen Diakonie, um den Dienst am *ganzen* Menschen, um Hilfe zu seinem Wohl und Heil.

Wo die *caritas* institutionalisiert ist, weil viele Arten von Hilfe am besten durch eine Institution geboten werden können, darf sie sich nicht in Betriebsamkeit erschöpfen, denn die gottgeschenkte Bruderliebe strahlt eine von Herzen zu Herzen gehende Kraft aus; sie schafft eine Atmosphäre, in der Bedrückte aufatmen.

Ob es um eine persönliche Liebe geht von Mensch zu Mensch oder um Bruderliebe innerhalb und außerhalb der Kirche: in jedem Fall ist

Liebe ein Wagnis, weil in der Liebe der Mensch aus sich herausgeht und sich einem Anderen zuwendet.

Eine junge Frau, die ich schon als Kind kannte, schrieb mir nach zwei Ehejahren: „Ich habe begriffen, daß ich meine Ehe täglich neu wagen muß. Liebe ist immer auch geprüfte Liebe. Die Liebe, im Überschwang begonnen, muß wachsen, muß eine starke, tragfähige Pfahlwurzel treiben. Es kommt mir oft vor, als hätte ich mich in ein Abenteuer eingelassen, mitten im Alltag. Es ist ein Abenteuer, das mich fordert in allem, was ich bin und habe, aber ich fühle dabei immer aufs neue Mut und inneren Frieden, weil Liebe ein sinnvolles Wagnis ist."

Und in bezug auf die caritative Liebe las ich einmal in einem christlichen Blatt die Zuschrift eines älteren Mannes, der wohl mancherlei Erfahrungen mit der menschenfreundlichen Liebe gesammelt hatte. Um zu zeigen, wie sehr auch die *caritas* gewagt werden muß, ging er auf das Gleichnis vom barmherzigen Samariter ein. Er schrieb: „Jede Art von Liebe bringt Folgen, Erweiterungen mit sich, wenigstens sehr oft. Kommt der Samariter in das Gasthaus zurück, wo er den Ausgeraubten und Verletzten den Wirtsleuten zur Pflege überlassen hat, liegt der

Kranke vielleicht noch immer danieder. Ein hohes Kostgeld ist zu begleichen, der Geplünderte hat keine Kleider mehr, und auch für die Heimreise fehlt es ihm an Mitteln. Der Samariter muß nach Kräften helfen und helfen, bis er seinen Liebesdienst ganz erfüllt hat."

Die Liebe verlangt Wagemut. Aber mit dem Wagemut verbunden ist ein großer Trost: Liebe entsühnt. Sie tilgt Vergangenes, das fehl getan war, und eröffnet dem Entsühnten eine neue Gegenwart und Zukunft. Zur Sünderin, die seine Füße mit Tränen wusch, mit ihren Haaren trocknete, mit Küssen bedeckte und dann mit teurem Nardenöl salbte als Bekundung ihrer Liebe – zu ihr sprach Jesus von Nazaret: „Deine Sünden sind vergeben" (Lk 7, 48).

Umzukehren und Liebe zu üben – dazu ist es um der Barmherzigkeit Gottes willen nie zu spät. Das darf sich jeder sagen, der lange herumgeirrt ist, bis er wie Jefrem erkannt hat, daß er auf die Karte der Liebe setzen muß.

Selbst wenn der Sinn in einer Lebensphase nicht einsichtig oder nicht sofort einsichtig wird: Was an Liebe geschieht, was aus Liebe geschieht, geht nie ins Leere. Es gibt immer jemand, der uns braucht, auch in unseren alten Tagen; wir sind nicht überflüssig. Machen wir unsere Augen und Herzen auf, dann erkennen wir gewiß, wo Liebe nottut. Und wenn ein Mensch eine Zeitlang abgeschnitten wäre von der Außenwelt – etwa in Einzelhaft unter atheistischer Diktatur –, so bliebe ihm immer noch der liebevolle Gedanke, der die Seinen und die Mitverhafteten umfängt, bliebe ihm die Hinwendung zu Gott und die Fürbitte. –

Wie finde ich zum Sinn des Lebens? haben wir uns von mehreren Blickpunkten her überlegt. Das Neue Testament bezeugt uns den Sinn, indem es die Frohbotschaft verkündet: „Also bleiben Glaube, Hoffnung, Liebe, diese drei; am größten unter ihnen ist die Liebe" (1 Kor 13,13).

Denken wir von dieser größten aller Tugenden nicht gering. Sie führt weit über die Spielregel „Seid nett zueinander!" hinaus. Ihre unauslotbare Tiefe ist Gott selbst. Unsere Liebe sei in allem Spiegelbild seiner Liebe.

Den Sinn des Lebens findet, wer Liebe dankbar empfängt und Liebe entschlossen übt. Ist das nicht eine zu simple Antwort? Nein, das ist die ‚einfache' Antwort des Glaubens.

Bücher und Schriften von Georg Moser

Gelebte Träume
Worte von Helder Câmara und was sie mir bedeuten
Verlag Herder Freiburg im Breisgau 1986, 72 Seiten

Der Herr ist die Kraft meines Lebens
Ein Brief an die Kranken
Johannes-Verlag Leutesdorf 1985, 31 Seiten

Vertrauen ins Leben
Über die Erziehung zur Zuversicht
Schwabenverlag Ostfildern 1985, 66 Seiten

Eine Rose in deiner Hand
Vom Älterwerden und Altsein
Schwabenverlag Ostfildern 1984
4. Auflage 1985, 56 Seiten

Wenn Ängste dich befallen ...
Süddeutsche Verlagsgesellschaft Ulm 1982
2. Auflage 1983, 29 Seiten

Auf dem Weg zu mir selbst
Verlag Herder Freiburg im Breisgau 1982
7. Auflage 1984, 64 Seiten

Herausgeforderte Kirche
Süddeutsche Verlagsgesellschaft Ulm 1981
2. Auflage 1984, 32 Seiten

Was die Welt verändert
Verlag Herder Freiburg im Breisgau 1980
3. Auflage 1982, 146 Seiten

Der eine lebt vom andern

Süddeutsche Verlagsgesellschaft Ulm 1976
7. Auflage 1981, 24 Seiten

Ich bin geborgen

Worte der Zuversicht
Verlag Herder Freiburg im Breisgau 1975
11. Auflage 1983, 144 Seiten

Wage dein Glück

Vom richtigen Umgang mit sich selbst
Johannes-Verlag Leutesdorf 1974
7. Auflage 1982, 56 Seiten

Der Jahre Gewinn

Lebensbetrachtungen
Schwabenverlag Ostfildern 1973
4. Auflage 1980, 124 Seiten

Zeugen der Freiheit

Über die Verehrung der Heiligen
Johannes-Verlag Leutesdorf 1973
4. Auflage 1980, 56 Seiten

Meditation – ein Weg in die Freiheit

Schwabenverlag Ostfildern 1972
5. Auflage 1979, 48 Seiten

Stille im Lärm ...

Meditationen und Anregungen
Schwabenverlag Ostfildern 1970
10. Auflage 1981, 160 Seiten
Ins Kroatische übersetzt 1978

Die Botschaft von der Vollendung

Eine materialkerygmatische Untersuchung
über Begründung, Gestaltwandel und Erneuerung
der Eschatologie-Katechese
Patmos Verlag Düsseldorf 1963, 365 Seiten

Von Georg Moser erscheint im Verlag Herder
bereits in 12. Auflage als Sonderausgabe

Ich bin geborgen

Worte der Zuversicht

144 Seiten, kartoniert laminiert

Inmitten einer immer deutlicher säkularisierten Umwelt
werden die Ordnungsprinzipien gedeutet, die in einem
zerrütteten Dasein Kraft zu neuem Vertrauen geben
können. In den kurzen, sprachlich spontan und aus der
eigenen Gotteserfahrung erstandenen Texten konzen-
triert sich, wie ein Lebenskonzept, das Resümee von Gesprächen mit ungezählten Menschen, ihren Nöten, Sorgen, ihrer Resignation. *Süddeutsche Zeitung, München*

Ein außergewöhnlich gutes Buch für die Meditation.
Aber auch ein Buch, in dem man Handreichungen für
das praktische Leben bekommt. Hier findet der Christ
nicht eine faule Geborgenheit, sondern die Geborgenheit
aus der christlichen Hoffnung, die den Menschen zum
Abenteurer des Lebens, der Liebe, der Mitmenschlich-
keit anspornen. *cursillo, Wien*

Kaum zu glauben, daß es so etwas noch gibt, noch mehr,
daß es einer zu sagen wagt, auch wenn er ein Bischof der
Kirche ist: Ich bin geborgen … Gut daß man weiß, daß
das ein Bischof so selbstverständlich ausspricht, ohne zu
fürchten, von oben herab angesehen zu werden ob seiner
Einfachheit, mit der auch das Buch geschrieben ist.
Rheinischer Merkur, Köln